バンドプロデューサー5 ガイドブック

オーディオデータ解析で耳コピ・コード検出・楽譜作成も

平賀宏之

[協力] 株式会社 河合楽器製作所

Band Producer 5

Stylenote

CONTENTS

はじめに ··· 10

1章
バンドプロデューサー5とは
1 何ができるソフトなのか？ ·· 12
コードの自動検出 ··· 13
耳コピを手助けしてくれる様々な機能 ·· 14
歌本やパート譜にして印刷できる ·· 15
楽曲制作もできる！ ··· 16
2 バンドプロデューサー5を構成している 4つの画面 ··························· 17
各画面（各モードと各エディタ）の関係性 ·· 19

2章
とりあえず使ってみよう
1 まずは音を出すための設定を確認しよう ··· 22
パソコンに内蔵されているデバイスを使う場合の設定 ······································ 22
オーディオインターフェースを使う場合の設定 ·· 23
MIDIキーボードや外部MIDI音源を使用する場合 ··· 25
2 コードを検出してみる（コード検出機能） ··· 26
3 ベースの音を検出してみる（コピー支援機能） ································· 29
4 譜面を作ってみる（リードシートエディタ） ···································· 32

3章
耳コピ用データの取り込み方
1 耳コピ用のデータを取り込む手順（ファイル、CD、録音） ············ 36
▪音楽CDから楽曲を取り込む場合 ··· 36
▪音楽ファイルを読み込む場合 ··· 37
▪音声を直接バンドプロデューサーに録音する ·· 39
2 耳コピメニューの設定 ··· 40
▪「コード検出」を選択した場合 ··· 40
▪コピー支援を選択した場合 ··· 42
3 検出範囲を設定しよう ··· 43
4 拍と拍子を確認しよう ··· 44

4章
コード検出で楽曲からコードを検出する

1 コード検出画面······48
 それぞれのトラックで表示されるもの······49
 ツールバーの各機能······50

2 拍と小節線のタイミングを修正する······51
 ▎拍の修正······51
 ▎小節線の修正······52

3 拍子の修正······54
 ▎曲の途中で一部分だけ拍子が変わる場合······54
 ▎曲の途中から拍子が変わる場合······55
 ▎楽曲の頭の拍子を変える場合······55

4 コード分割位置の修正······56
 ▎コードが切り替わる位置が違っていた場合······56
 ▎コードが変わっているのに分割位置がない場合······57
 ▎コードが変わっていないのに分割されてしまっている場合······57

5 コードの修正······58

5章
フレーズや和音の音を耳コピするコピー支援画面の使い方

1 コピー支援画面······62
 コピー支援画面のトラック······64
 ツールバーの各機能······66

2 耳コピメモとは?······68

3 耳コピメモの使い方······70
 ▎耳コピメモの修正······70
 ▎耳コピメモの削除······73
 ▎耳コピメモの入力······74

4 ループ機能を使って繰り返し聴くには······75
 曲の途中から聴く······76
 ループの範囲を調節する······76

5 耳コピに便利なツール······78
 ▎楽曲の真ん中に位置する音をカットする(センターキャンセル)······78
 ▎再生する速度を落として音を聴き取りやすくする(再生速度)······81
 ▎音程を変えてフレーズを聴き取りやすくする(ピッチ)······81

- ▌左側や右側で鳴っている楽器の音を聴き取りやすくする（再生チャンネル）……………82
- ▌再生帯域を使って音を聴き取りやすくする（再生帯域）……………………………………82
- ▌イコライザーで再生帯域をさらに細かく設定する（グラフィックイコライザー）………83
- ▌再生帯域が視覚的に確認できる（スペアナ）………………………………………………85
- ▌一拍や一音単位でもくり返し聴くことができる（耳コピループ）………………………85

6章 リードシートエディタの使い方

1 リードシートエディタの画面構成……………………………………………………90
- ▌リードシートエディタの画面構成……………………………………………………90
  - ツールバーボタンの機能……………………………………………………………91
  - 入力ツールバー………………………………………………………………………92

2 リードシートエディタに出力する…………………………………………………93
- リードシートエディタのみ起動させる………………………………………………95

3 記号の修正……………………………………………………………………………96
- ▌音符や休符の修正……………………………………………………………………96
- ▌コードネームの修正…………………………………………………………………97

4 記号の追加と削除……………………………………………………………………98
- ▌記号を削除する………………………………………………………………………98
- ▌記号の追加……………………………………………………………………………98
  - 音符や休符の入力……………………………………………………………………98
  - 臨時記号の入力………………………………………………………………………99
  - タイの入力……………………………………………………………………………99
  - コードネームの入力…………………………………………………………………100
  - リハーサルマークの入力……………………………………………………………100

5 歌詞を入力する………………………………………………………………………101

6 コードダイアグラムを表示する……………………………………………………103

7 レイアウトを整える…………………………………………………………………104
- ▌ページに表示する段数を調整する…………………………………………………104
- ▌各段をドラッグで移動して調整する………………………………………………106

8 リードシートの印刷とファイルの保存……………………………………………107
- ▌リードシートの印刷…………………………………………………………………107
- ▌リードシートファイルの保存………………………………………………………108

7章
歌本エディタの使い方

❶ 歌本エディタの画面構成 …………………………………………………………………110
▮歌本エディタの画面構成 …………………………………………………………110
ツールバーボタンの機能 ……………………………………………………111
ルーラーの機能 ………………………………………………………………112
書式バーの機能 ………………………………………………………………112
❷ 歌本エディタへの出力 ……………………………………………………………………113
歌本エディタのみの起動 ……………………………………………………114
❸ コードネームの入力と修正 ………………………………………………………………115
▮コードネームの入力（マウスのドラッグによる入力）……………………115
▮コードネームの入力（パソコンのキーボードからの入力）……………116
▮コードネームの削除 ……………………………………………………………116
▮コードネームの修正 ……………………………………………………………117
❹ 歌詞を入力する ……………………………………………………………………………118
▮歌詞の入力 ………………………………………………………………………118
▮コードネームとの関連付け ……………………………………………………118
関連付けの解除 ………………………………………………………………120
❺ タイトルを入力する ………………………………………………………………………121
❻ コードダイアグラムを表示させる ………………………………………………………123
❼ レイアウトを整える ………………………………………………………………………124
▮ルーラーのインデントを使って行の頭の文字を揃える ……………………124
▮タブを使って行の途中の文字を揃える ………………………………………125
❽ 歌本の印刷とファイルの保存 ……………………………………………………………126
▮歌本の印刷 ………………………………………………………………………126
▮歌本ファイルの保存 ……………………………………………………………127

8章
作成モードの使い方

❶ 作成モードの画面構成 ……………………………………………………………………130
▮作成モードの画面構成 …………………………………………………………130
ツールバーの各機能 …………………………………………………………131
トラックウィンドウの各機能 ………………………………………………132
トラックの種類 ………………………………………………………………133

2 サンプル曲を試聴する……………………………………………………………………136
 作成モードで用意されているサンプル曲……………………………………………………136
 ▮サンプル曲の聴き方………………………………………………………………………136
3 オブジェクトウィンドウと オブジェクトの種類……………………………………138
 オブジェクトウィンドウ……………………………………………………………………138
 リズムパターンオブジェクト………………………………………………………………139
 コードオブジェクト…………………………………………………………………………139
 MIDI オブジェクト、オーディオオブジェクト……………………………………………140
 拍子オブジェクト、テンポオブジェクト、キーオブジェクト……………………………140
4 リズムパターンオブジェクトの貼り付け方……………………………………………141
 ▮リズムパターンの貼り付け方……………………………………………………………141
  「イントロ」と「エンディング」……………………………………………………………142
 ▮リズムパターンの一部のパートだけを貼り付ける……………………………………143
  プルダウンメニュー…………………………………………………………………………143
 ▮パターンの絞り込み………………………………………………………………………144
5 コードオブジェクトの貼り付け方………………………………………………………146
 ▮コードを 1 つずつ選択して貼り付ける…………………………………………………146
 ▮コード進行を貼り付ける…………………………………………………………………147
 ▮リズムパターンとの連動…………………………………………………………………148
 ▮フィルインを追加する……………………………………………………………………148
6 拍子オブジェクト／テンポオブジェクト／キーオブジェクトの貼り付け方………149
 ▮拍子オブジェクトを貼り付ける…………………………………………………………149
  拍子を自分で設定する………………………………………………………………………150
  拍子オブジェクトを変更する／削除する…………………………………………………150
 ▮テンポオブジェクトを貼り付ける………………………………………………………151
  テンポを自分で設定する……………………………………………………………………152
  リタルダンドやアッチェレランドを入力する……………………………………………152
  テンポオブジェクトを変更する／削除する………………………………………………153
 ▮キーオブジェクトを貼り付ける…………………………………………………………153
  キーオブジェクトを変更する／削除する…………………………………………………154
7 MIDIオブジェクト／オーディオオブジェクトの貼り付け方………………………155
  既存の MIDI データを貼り付ける…………………………………………………………156
8 オブジェクトの編集………………………………………………………………………157
 オブジェクトの選択方法……………………………………………………………………157
 移動……………………………………………………………………………………………157

消去·······158
　　　コピー／切り取り·······159
　　　貼り付け·······159
　　　長さの変更（リズムパターンオブジェクト）·······160
　　　ループ／トリム／ストレッチ（MIDIオブジェクト／オーディオオブジェクト）·······160
　　　ボリューム·······162

9 MIDIやオーディオデータの録音·······163
　　録音の準備·······163
　　▌録音の手順·······163

10 MIDIの編集（ノートの編集）·······165
　　▌MIDIの編集画面の開き方·······165
　　▌MIDIの編集画面の機能·······166
　　▌ノートの編集·······167
　　▌編集したものを保存する·······169

11 MIDIの編集（ストリップチャートの編集）·······170
　　編集できるイベント·······170
　　▌イベントの入力·······170
　　▌イベントの編集·······171
　　▌イベントの削除·······171
　　▌編集したものを保存する·······172

12 TABパネルを使ったMIDIのコード入力·······173

13 ステップシーケンサーを使ったドラムのMIDI入力·······175
　　▌MIDIのステップ編集画面の開き方·······175
　　▌MIDIのステップ編集画面の機能·······176
　　▌音の入力とベロシティの変更·······177
　　▌ドラム音の変更·······177
　　▌編集したものを保存する·······178

14 MIDIのイベント編集·······179
　　▌MIDIのイベント編集画面の開き方·······179
　　▌MIDIのイベント編集画面の機能·······180
　　▌イベントの追加·······181
　　▌イベントの削除·······181
　　▌切り取り / コピー / 貼り付け·······181
　　▌イベントの編集·······182
　　　例 各数値が表しているもの·······183
　　▌編集したものを保存する·······183

- 15 作ったデータをMIDIデータ（SMF）として保存する ……………………………… 184
- 16 オーディオの編集 ……………………………………………………………………… 185
  - オーディオの編集画面の開き方 …………………………………………………… 185
  - オーディオの編集画面の機能 ……………………………………………………… 186
  - 波形の大きさを最大化する ………………………………………………………… 187
  - 波形の大きさを調整する …………………………………………………………… 187
  - 波形の不要な部分を消去する ……………………………………………………… 187
  - エフェクトをかける ………………………………………………………………… 188
  - 編集したものを保存する …………………………………………………………… 188
- 17 オーディオデータをMIDIにする ……………………………………………………… 189
- 18 オーディオデータからコードを判定する …………………………………………… 191
- 19 作成モードのデータをオーディオデータとして保存する ………………………… 193

9章
その他の便利な機能

- 1 コード入力パネルを使った曲作り ……………………………………………………… 196
- 2 鼻歌作曲 ………………………………………………………………………………… 199
  - まずは準備 …………………………………………………………………………… 199
  - 鼻歌作曲の手順 ……………………………………………………………………… 201
- 3 移調 ……………………………………………………………………………………… 206
  - 移調とは ……………………………………………………………………………… 206
  - 作成モードでの移調 ………………………………………………………………… 206
  - 耳コピモードでの移調 ……………………………………………………………… 207
- 4 転調 ……………………………………………………………………………………… 208
  - 作成モード …………………………………………………………………………… 208
  - リードシートエディタ ……………………………………………………………… 209
- 5 カポタスト（カポ）の設定 …………………………………………………………… 211
- 6 BGM作成 ………………………………………………………………………………… 212

10章
より使いこなすために知っておきたい音楽の基礎知識

- 1 耳コピに必要な知識 …………………………………………………………………… 216
- 2 音程（全音と半音） …………………………………………………………………… 217
- 3 オクターブ ……………………………………………………………………………… 218

- **4** 音名 … 219
- **5** 音階（スケール）と 調（キー） … 221
- **6** コード（和音）とは（ダイアトニックコード） … 224
- **7** 三和音のコードの仕組みを音程（度数）で理解しよう … 226
- **8** 四和音（セブンスコード）とは … 230
- **9** 特殊なコード（sus4、add9、aug、dim） … 232
  - ▎sus4 … 232
  - ▎add9 … 232
  - ▎aug … 233
  - ▎dim … 233
- **10** 分数コード（オンコード） … 234
- **11** コードの機能とコード進行 … 236

バンドプロデューサーは、株式会社河合楽器製作所の登録商標です。
Windows および Windows ロゴは、Microsoft Corporation の米国および、その他の国における商標または登録商標です。
その他の会社名、製品名、サービス名などは各社の商標または登録商標です。

はじめに

　この本は株式会社河合楽器製作所が開発したバンドプロデューサー5の使い方を解説した本です。

　バンドプロデューサー5は楽曲からコード進行やメロディなどのフレーズを検出して、耳コピを手助けしてくれるWindows向けソフトです。バンドプロデューサーで検出解析して耳コピしたものは、リードシートや歌本にすることもできます。耳コピだけではありません。バンドプロデューサー5には伴奏を作成する機能も用意されています。オブジェクトと呼ばれるコードやリズムパターンなどの部品をドラッグ＆ドロップすることで簡単に伴奏を作成することもできます。もちろん、イチから音楽を作っていくことも可能です。

　このようにバンドプロデューサー5はオーディオデータ（音楽データ）をもとにして、様々なことができるのです。ですが、多機能ゆえにどこから手をつけていいのか悩んでしまう、そういう方も多いようです。また、一部の機能しか活用できていないという方もおられるかもしれません。
　そこで本書では「とりあえず使ってみよう」という章を設けてバンドプロデューサー5の多様な機能を体験してもらえるように考えています。一通り試してみて、興味を持った機能を解説している章をまずはお読みいただくのも本書の活用法だと思います。もちろん、すでにこのソフトの持つ魅力的な機能にどんなものがあるかをご存じの方は、直接、その機能を説明した章を参照してみてください。きっとお役にたつことと思います。

　この本では最終章で、バンドプロデューサー5を使う上で役に立つ簡単な音楽理論についても解説しました。耳コピをしたりする時には、どうしても音楽理論の知識が必要となることがあります。また、簡単にでも音楽理論が身についていれば、バンドプロデューサー5をより深く使いこなすことができるでしょう。
　この本で解説した音楽理論は、主にバンドプロデューサー5の操作で必要になる知識や、バンドプロデューサー5を活用するのに必要な理論に限定しています。できるだけわかりやすくなるように心がけました。紙幅の都合もありますので、基本的なことや、限定された内容ではありますが、ぜひ参考にしていただければと思います。そして、さらに深く知りたいという時は、音楽理論を専門に解説した本も読んでみてください。

　この本は、本を見ながら操作ができるように、ソフトの画面の写真を多く使い、操作の手順もできるかぎり細かく解説しています。バンドプロデューサー5を操作する際に、本書を手元に置いていただき、操作手順を確認しながらバンドプロデューサー5を活用していただければと思います。
　本書がバンドプロデューサー5を操作する際の皆様の手助けになれば幸いです。

1章

バンドプロデューサー5とは

1 何ができるソフトなのか？

　皆さんは演奏してみたいと思った楽曲の譜面がなかった時どうしていますか？
　ギターやピアノなど楽器をやっている人であれば、楽曲（音楽）を聴きながら演奏されている音を楽器を使って聴き取っていくかもしれません。
　このように楽曲の中で演奏されている音を聴き取る作業のことを「耳コピ」といいます。
　耳で聴きながらコピーしていくので耳コピ（耳コピーともいう）なんですね。

　この耳コピですが残念ながら誰でも簡単にできるものではありません。音を耳で聴き取る力であったり、鳴っている音を予測することができる音楽理論の知識などが必要になってきます。
　とくに音を聴き取る力は、いろいろな曲を耳コピしたり、繰り返し練習するという過程を経て少しずつ養われるものなので、できるようになるまでには時間がかかります。これはまだ音楽を始めたばかりの方には少しハードルが高く感じられるかもしれません。

　耳コピができるようになるまではある程度時間が必要とわかっていても、何とかして今すぐ耳コピしたいと思うこともあるでしょう。そんな時にオススメしたいのがこのバンドプロデューサー5というソフトです。
　バンドプロデューサー5は楽曲の中で演奏されている音などを聴き取る（耳コピする）ことを手助けしてくれるソフトです。それでは実際にどんなことができるのか見ていきましょう。

■コードの自動検出

　バンドプロデューサー5の機能の中でまずオススメしたいのがコードの自動検出機能です。この自動検出機能は、音楽CDや、MP3やWAVなどの音楽データを読み込んで、コードやコード進行を自動で検出してくれる機能です。

　検出したコードは元の楽曲と合わせて音を鳴らすことができるので、同時に聴くことで検出されたコードの音が原曲とあっているか確認ができます。

　もちろん検出したコードが合わなかった部分はコードを付け替えることも可能です。その部分に該当するコードの候補が表示されるので、その中からコードを選ぶだけという簡単な操作で付け替えることができます。難しい知識などは必要なく、原曲と検出したコードを同時に鳴らしてぴったり合うコードを感覚的に選んでいくことができます。

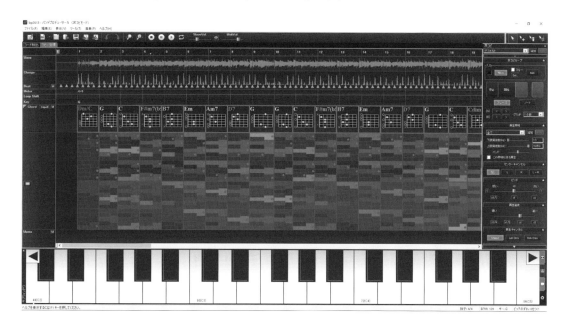

耳コピを手助けしてくれる様々な機能

次にオススメするのが楽曲の中で鳴っているフレーズを耳コピする手助けをしてくれる様々な機能たちです。

バンドプロデューサー5に読み込んだ音楽データは、鳴っている音が画面上にグラフィカルに表示されます。私たちは表示された音の中から目的の音をピックアップして耳コピを進めていけます。

ピックアップされた音を目で見て、そしてその音を鳴らして、元の楽曲と聴き比べながら耳コピが進められます。音を聴き取ることが苦手な方でもこの機能を使うことで耳コピが断然しやすくなります。

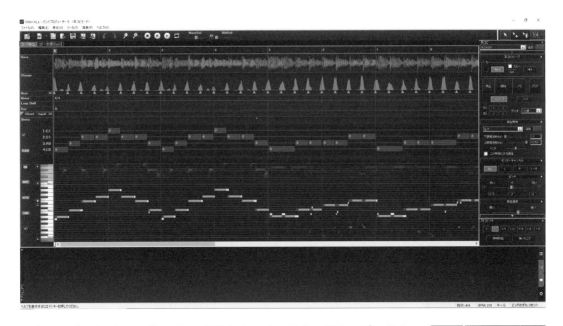

またスピード（テンポ）の速い楽曲などでは、楽曲の再生スピードを遅くしたり、ベースやメロディなど目的の音以外のパートの音を小さくしたりと、フレーズを聴き取りやすくするためのツールも数多く用意されています。

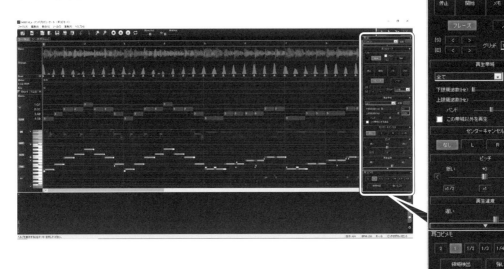

歌本やパート譜にして印刷できる

　そして耳コピした音やコードは譜面として出力することができます。歌詞とコードネームで歌本を作ったり、楽器のパート譜（五線譜やTAB譜）を作ることができます。もちろん作った譜面は印刷できるので、バンドで使ったり、個人の記録用として保存したりと活用できます。

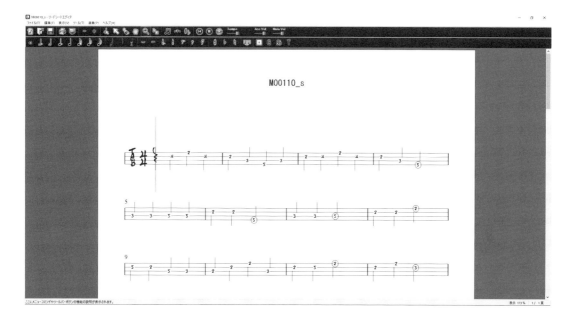

▍楽曲制作もできる！

　さらにバンドプロデューサー5には、耳コピの機能だけでなく楽曲を作るための「作成モード」と呼ばれる画面も用意されています。作成モードでは既成のMIDIデータやオーディオデータの読み込み、オーディオレコーディングやMIDIの打ち込みができます。732音色＆20種類のドラムセットを持つソフト音源と15種類のエフェクトが内蔵されているので本格的な楽曲制作も行うことができます。

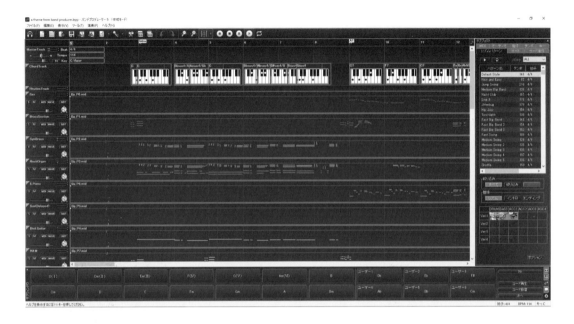

　いろいろな機能が搭載されているこのバンドプロデューサー5、本書ではその使い方を詳しく解説しています。また耳コピに必要となる音楽理論の基礎知識なども記述しているので、併せてお読みいただければ幸いです。

2 バンドプロデューサー5を構成している4つの画面

　バンドプロデューサー5は「耳コピモード」「作成モード」「リードシートエディタ」「歌本エディタ」という4つの画面から構成されています。

・**耳コピモード**・・・コードやフレーズの検出ができます。

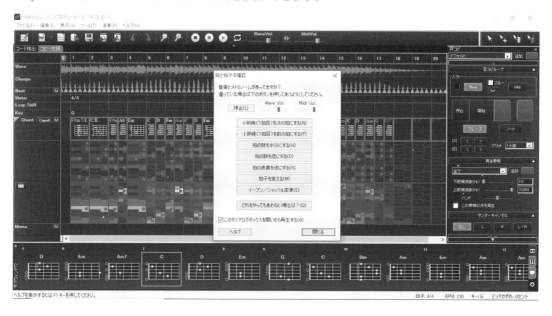

・**作成モード**・・・MIDIやオーディオの入力、編集など楽曲作成ができます。

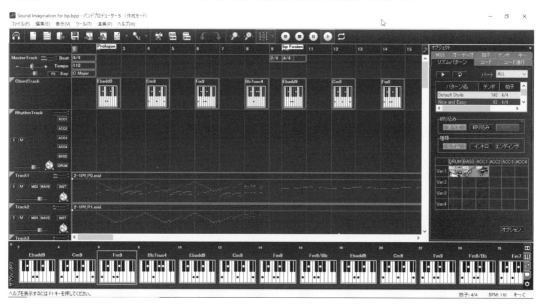

・リードシートエディタ ・・・楽器のパート譜（五線譜やTAB譜）などを編集、印刷できます。

・歌本エディタ ・・・歌詞とコードで構成される歌本の譜面を編集、印刷できます。

　「耳コピモード」及び「作成モード」の画面で耳コピや楽曲制作をします。

　「耳コピモード」で耳コピしたコード進行やフレーズ、「作成モード」で制作した楽曲は、歌本を作るための画面「歌本エディタ」や楽譜を作る画面「リードシートエディタ」に出力して印刷することができます。

　全体を通すと「耳コピモード」及び「作成モード」で作業をして、出来上がったものを「歌本エディタ」または「リードシートエディタ」に出力するという流れになります。

各画面（各モードと各エディタ）の関係性

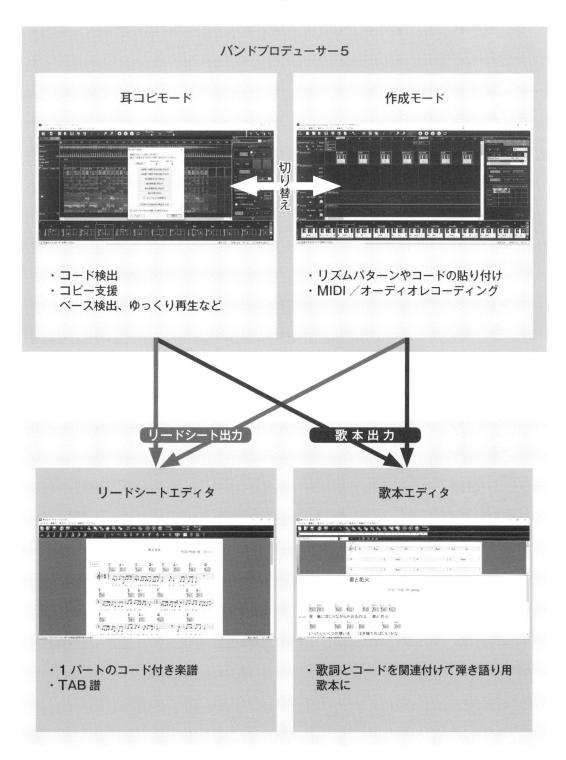

2章

とりあえず使ってみよう

1 まずは音を出すための設定を確認しよう

　ソフトのインストールが終わったら作業を開始する前に、バンドプロデューサーで音を出したり、録音したりするための設定を確認しましょう。これらの設定は「デバイスの設定」という画面でおこないます。デバイスとは音を出したり、録音したりする装置のことをいいます。パソコンに内蔵されているものを使用するか、外付けの機器（オーディオインターフェース）を使用します。ここではパソコン内蔵のデバイスを使用する場合と、オーディオインターフェースを使用する場合、それぞれの設定方法を説明します。

オーディオインターフェースって何だろう？
　マイクやギターなどの音を録音したり、バンドプロデューサー5の音を外部アンプで再生したりするのに使用する機器のことで、USBでパソコンと接続するタイプのものが主流です。マイクやギターなどのケーブル（XLRケーブルやシールドケーブル）は直接パソコンとつなぐことはできませんが、オーディオインターフェースにつなぐことで、マイクやギターの音をパソコンに録音することができるようになります。また作業中に生じるノイズや音の遅れなども軽減してくれます。
　バンドプロデューサー5ではオーディオインターフェースがなくても作業はできますが、オーディオインターフェースを使うことで録音や音の遅れやノイズの軽減などのメリットがあると覚えておきましょう。

■パソコンに内蔵されているデバイスを使う場合の設定

手順

1. メニューバーの「ツール」→「デバイスの設定」を選択すると「デバイスの設定」ダイアログが表示されます。

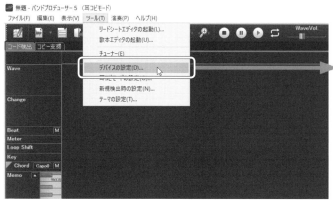

2. Wave デバイス欄を設定します。

2-① ラジオボタン → DirectX を選択

> **Hint**
> このラジオボタンで選択できる MME は Windows の標準的なオーディオドライバです。音の遅れなどが出やすいため音楽制作にはあまり適していません。オーディオインターフェースを使わないでパソコンだけでバンドプロデューサー5を扱う時には DirectX を選択するようにしましょう。DirectX は MME よりも音の遅れを小さくできます。使用しているパソコンで DirectX が選択できない場合に MME を選択します。MME を選択した場合は録音デバイスと再生デバイスでは「Wave Mapper」を選択します。

2-② 録音デバイス → プライマリ サウンド キャプチャ ドライバー を選択
　　　再生デバイス → プライマリ サウンド ドライバー を選択

> **Hint**
> DirectX 選択時に録音デバイスと再生デバイスに出てくる「プライマリ サウンド キャプチャ ドライバー」「プライマリ サウンド ドライバー」、MME 選択時に出てくる「Wave Mapper」は Windows のコントロールパネルのサウンドで設定されているものを使うことになります。これらを選択しておくことで、普段パソコンを使っていて音楽を再生したりする時に音が鳴っていれば、同じ状態でバンドプロデューサー5も音が鳴ります。

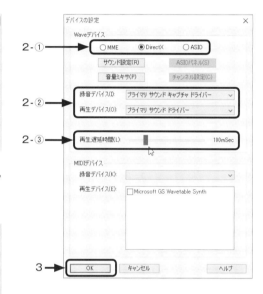

2-③ 再生遅延時間 → スライダーをドラッグして設定

> **Hint**
> ここでは音質を安定させるか、音の遅延を少なくするかを調整します。スライダーを右にドラッグして数字を大きくすると音質は安定しますが、再生時などで音が遅延する場合があります。スライダーを左にドラッグして数字を小さくすると遅延が少なくなりますが、音質が安定しなくなる（ノイズなどが生じる）場合があります。この値はまず 100mSec くらいで試してください。使用する機器によって値は変わってくるので、使用する機器にあう値を探しましょう。

3.「OK」ボタンをクリックすると設定が完了します。

■オーディオインターフェースを使う場合の設定

使用している機器が ASIO ドライバに対応しているかどうかや、ASIO で動かすためには ASIO 用のドライバソフトをパソコンにインストールする必要があるかどうかなどを、使用している機器の取扱説明書などで確認して必要なドライバなどは予めインストールしておきましょう。

ここでは ASIO に対応している場合とそうでない場合の設定を紹介します。

ASIO って何だろう？

音楽ソフトの録音時や再生時に生じることがある音の遅れや、ノイズなどを軽減してくれるモードです。ASIO に対応したオーディオインターフェースで専用のドライバなどをインストールすることで使用することができます。

2章　とりあえず使ってみよう　23

手順

1. メニューバーの「ツール」→「デバイスの設定」を選択すると「デバイスの設定」ダイアログが表示されます。

2. Wave デバイス欄を設定します。

（ASIO に対応している機器）

2-① ラジオボタン　→　ASIO を選択

2-② ASIO デバイス　→　オーディオインターフェースの名前を選択

2-③ 遅延加算時間　→　スライダーをドラッグして設定

Hint
ここでは音質を安定させるか、音の遅延を少なくするかを調整します。スライダーを右にドラッグして数字を大きくすると音質は安定しますが、再生時などで音が遅延する場合があります。スライダーを左にドラッグして数字を小さくすると遅延が少なくなりますが、音質が安定しなくなる（ノイズなどが生じる）場合があります。まずは 20mSec ～ 40mSec くらいで試してください。機器によって値は変わってくるので使用する機器にあう値を探しましょう。

（ASIO に対応していない機器）

2-① ラジオボタン　→　MME もしくは DirectX を選択

2-②
録音デバイス　→　オーディオインターフェースの名前

再生デバイス　→　オーディオインターフェースの名前　を選択

2-③ 録音遅延時間　→　スライダーをドラッグして設定（MME 選択時のみ表示されます）

Hint
録音時における音質と音の遅延を調整できます。まずは 140mSec で試してください。機器によって値は変わってくるので使用する機器にあう値を探しましょう。

2-④ 再生遅延時間　→　スライダーをドラッグして設定

Hint
再生時における音質と音の遅延を調整できます。スライダーを右にドラッグして数字を大きくすると、音質は安定しますが再生時などで音が遅延する場合があります。スライダーを左にドラッグして数字を小さくすると、遅延は少なくなりますが、音質が安定しなくなる（ノイズなどが生じる）場合があります。この値はまず 300mSec くらいで試してください。機器によって値は変わってくるので使用する機器にあう値を探しましょう。

3. 「OK」ボタンをクリックすると設定が完了します。

▌MIDIキーボードや外部MIDI音源を使用する場合

　MIDIキーボードを使って音を入力したり、外部のMIDI音源を使って音を鳴らしたい時には「MIDIデバイス」欄も設定します。これらの機器を使用しない方はこちらの設定は不要です。

- 録音デバイス　→　MIDIキーボードなどの入力機器を使ってMIDIを入力したい場合に設定します。パソコンとUSBでつなげているMIDIキーボードなどの入力機器を選択します。
- 再生デバイス　→　外部のMIDI音源やパソコンに内蔵されている音源（Microsoft GS Wavetable Synth）を使用したい場合に設定します。

Hint
　MIDIキーボードや外部音源をインターフェースを経由してMIDIケーブルなどでパソコンとつなげている場合は録音デバイスや再生デバイスにMIDIキーボードや外部音源の名前は出てきません。こちらはパソコンと直接USBでつながっている機器（インターフェース）の名前が表示されるのでそちらを選択しましょう。

2 コードを検出してみる（コード検出機能）

音を出すための設定が終わったら、まずはバンドプロデューサー5の目玉でもあるコード検出を体験してみましょう。バンドプロデューサー5に用意されているデモ用のオーディオデータを使ってコードを検出する手順を紹介します。

バンドプロデューサーの画面が耳コピモードで表示されているか確認しましょう。タイトルバーに（耳コピモード）と表示されていれば耳コピモードになっています。表示されていない場合は「耳コピモードへ」ボタン🎧をクリックして耳コピモードに切り替えます。

手順

1. メニューバーの「ヘルプ」から「デモソングフォルダを開く」を選択すると、デモソングが入っている「Material」フォルダが開きます。

2. 「bp2013.wav」をドラッグしてバンドプロデューサー5の画面中央にドロップします。

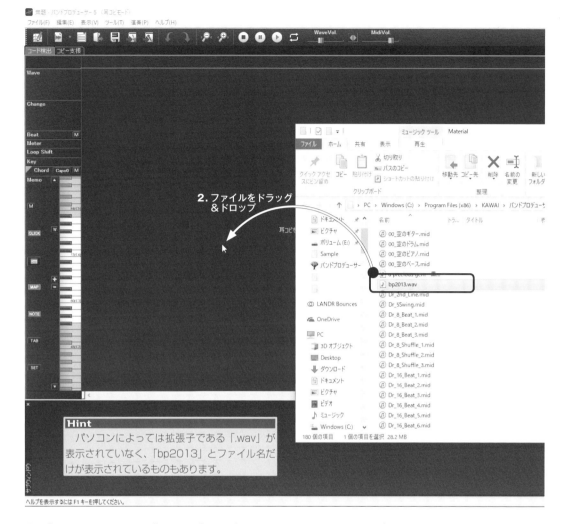

3. 「Material」フォルダ右上の「×」ボタンをクリックしてフォルダを閉じます。
4. 「耳コピメニュー」ダイアログが表示されているので、表示欄の「コード検出」を選択して「OK」ボタンをクリックします。

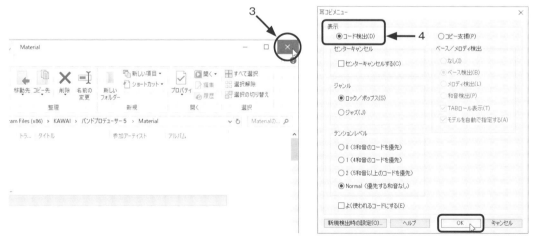

2章 とりあえず使ってみよう 27

5. 「検出範囲の設定」ダイアログが表示されるので「OK」ボタンをクリックするとコードの検出が始まります。

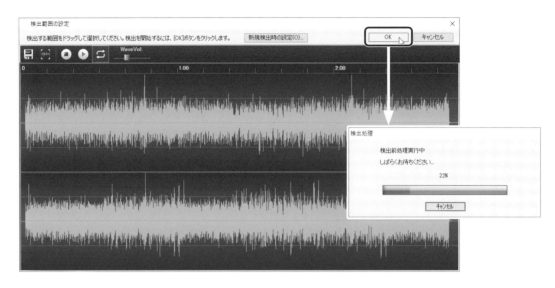

6. 検出が終わると「拍と拍子の確認」ダイアログが表示されて、読み込んだ曲データが再生されます。「閉じる」ボタンをクリックしてダイアログを閉じると曲の再生が停止して検出したコードが表示されます。

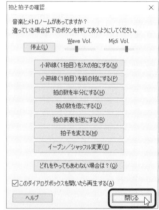

> **Hint**
> 「拍と拍子の確認」ダイアログでは検出したデータのタイミングを手動で修正することができます。「拍と拍子の確認」ダイアログの詳しい使い方は P.44 で説明します。

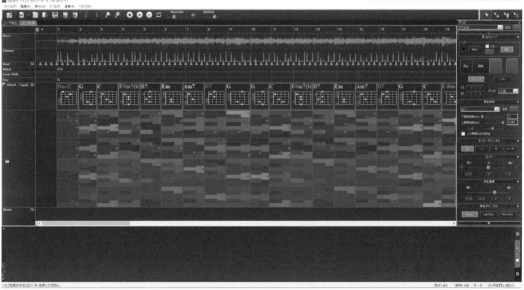

3 ベースの音を検出してみる（コピー支援機能）

オーディオデータからベースラインを自動で検出する機能も用意されています。デモ用に用意されているオーディオデータを使ってベースラインの検出を体験してみましょう。

バンドプロデューサーの画面が耳コピモードで表示されているか確認しましょう。タイトルバーに（耳コピモード）と表示されていれば耳コピモードになっています。表示されていない場合は「耳コピモードへ」ボタン🎧をクリックして耳コピモードに切り替えます。

手順

1. メニューバーの「ヘルプ」から「デモソングフォルダを開く」を選択すると、デモソングが入っている「Material」フォルダが開きます。

2. 「M00110_s.wav」をドラッグしてバンドプロデューサー5の画面中央にドロップします。

2章 とりあえず使ってみよう

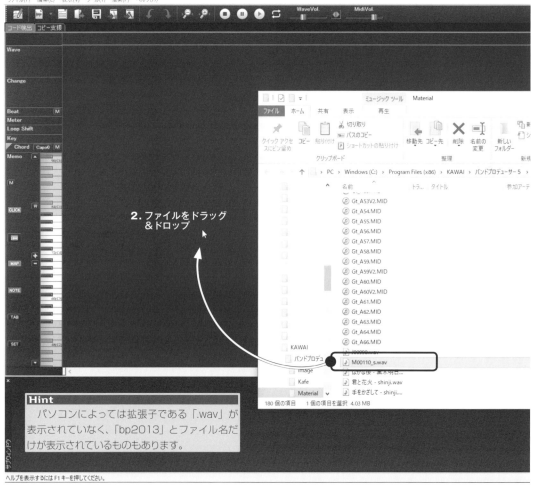

3. 「Material」フォルダ右上の「×」ボタンをクリックしてフォルダを閉じます。
4. 「耳コピメニュー」ダイアログが表示されているので、表示欄の「コピー支援」を選択します。
5. ベース／メロディの検出欄から「ベース検出」を選択して「OK」ボタンをクリックします。

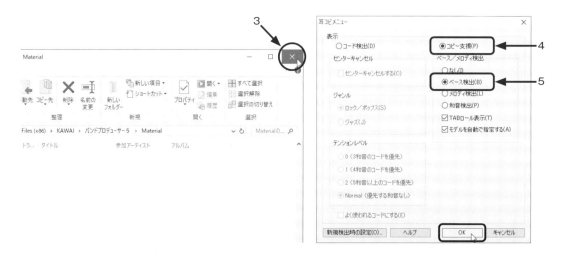

6. 「検出範囲の設定」ダイアログが表示されるので「OK」ボタンをクリックするとベースの検出が始まります。

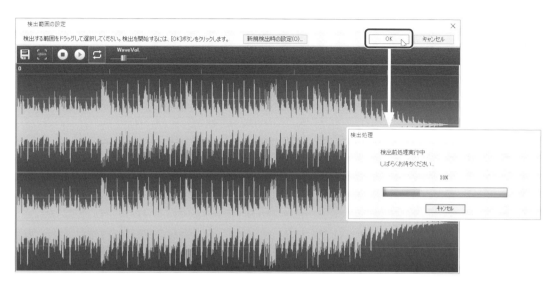

7. 検出が終わると「拍と拍子の確認」ダイアログが表示されて、読み込んだ曲データが再生されます。「閉じる」ボタンをクリックしてダイアログを閉じると曲の再生が停止して検出したベースラインが表示されます。

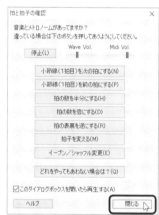

Hint
「拍と拍子の確認」ダイアログでは検出したデータのタイミングを手動で修正することができます。「拍と拍子の確認」ダイアログの詳しい使い方は P.44 で説明します。

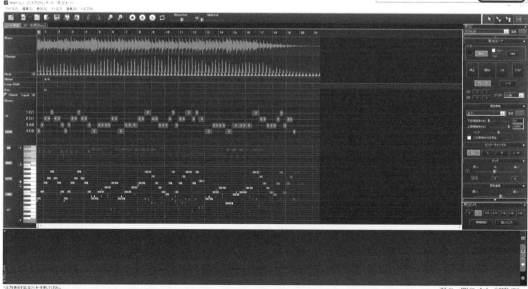

2章　とりあえず使ってみよう　31

4 譜面を作ってみる（リードシートエディタ）

バンドプロデューサー5では、耳コピしたデータなどを楽譜に出力することができます。出力した楽譜はプリンタなどで印刷することができます。試しに項目3で検出したベースラインから譜面を作ってみましょう。

項目3でベースラインを検出した画面の続きからになります。

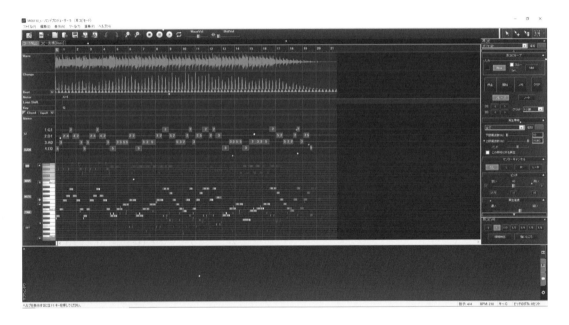

手順

1. ツールバーの「リードシート出力」ボタンをクリックします。
2. 「1小節より前のメモは出力されません。」というメッセージが表示されるので「OK」ボタンをクリックします。

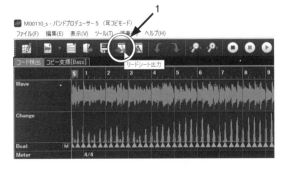

3.「リードシート出力の設定」ダイアログが表示されるので「OK」ボタンをクリックすると、ベースラインの楽譜（タブ譜）が表示されます。

表示された楽譜はプリンタで印刷することができます。

いかがでしたでしょうか？　この章では音を出すための設定から、コード検出、ベース検出そして検出した音を譜面にするまでの流れを紹介しました。3章以降ではそれぞれの操作をより詳しく解説していきます。

2章　とりあえず使ってみよう　33

3章

耳コピ用データの取り込み方

1 耳コピ用のデータを取り込む手順（ファイル、CD、録音）

耳コピ用データの取り込みにはさまざまな方法が用意されています。
・音楽CDから楽曲データを取り込む
・音楽ファイルを読み込む
・音声を直接バンドプロデューサーに録音する
ここではそれぞれの手順を紹介します。

まずはバンドプロデューサーの画面が耳コピモードで表示されているか確認しましょう。タイトルバーに（耳コピモード）と表示されていれば耳コピモードになっています。表示されていない場合は「耳コピモードへ」ボタン🎧をクリックして耳コピモードに切り替えます。

音楽CDから楽曲を取り込む場合

手順

1. メニューバーの「ファイル」→「新規にCDから耳コピ」を選択すると「音楽CDからのリッピング」ダイアログが開きます。
2. 音楽CDの曲リストがトラックに表示されますので、取り込みたい曲をクリックして選択（青く反転）します。
3. 「リッピング」ボタンをクリックすると音楽CDから曲を取り込む作業が始まります。

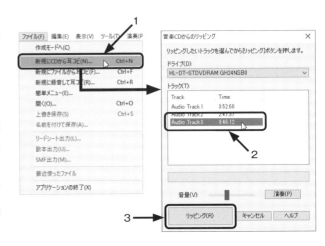

Hint

手順2で曲が選択されている状態で「演奏」ボタンをクリックすると試聴できます。「演奏」ボタン左側のスライダーで試聴する際の音量も調整できます。「演奏停止」ボタンをクリックすることで試聴を終了できます。

リッピングが終了すると「耳コピメニュー」が表示されます。本章項目2の「耳コピメニューの設定」(P.40)にお進みください。

音楽ファイルを読み込む場合

　読み込める音楽ファイルは「WAV、MP3、WMA、CDA」の4種類です。
※著作権の保護が施されているファイルには対応していません。ご注意ください。

手順

1. メニューバーの「ファイル」→「新規にファイルから耳コピ」を選択すると「開く」ダイアログが開きます。

3章　耳コピ用データの取り込み方　37

2. 読み込みたいファイルをクリックして選択し「開く」ボタンをクリックします。

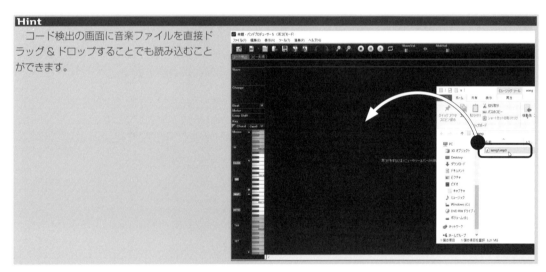

> **Hint**
> コード検出の画面に音楽ファイルを直接ドラッグ＆ドロップすることでも読み込むことができます。

音楽ファイルが読み込まれると「耳コピメニュー」が表示されます。本章項目2「耳コピメニューの設定」（P.40）にお進みください。

> **Hint**
> デジタル著作権管理（DRM）が施されているデータには対応していません。

音声を直接バンドプロデューサーに録音する

　携帯音楽プレーヤーなどの外部の機器から曲を取り込みたい時に利用できます。まずは携帯音楽プレーヤーなどの外部の機器をパソコンやオーディオインターフェースと接続します。

Hint
　オーディオインターフェースを使用している場合はオーディオインターフェースに外部機器を接続します。
　オーディオインターフェースを使用していない場合はパソコンの外部入力端子に外部機器を接続します。
　オーディオインターフェースや外部機器などによって接続に使用するケーブルなどが変わってきます。接続の仕方は使用している機器やパソコンの取扱説明書をご確認ください。

〈録音の前に確認しておきましょう〉
　録音の前に録音に使用するデバイスの設定を確認しておきましょう。
　デバイスの設定は2章項目1を参照ください。
　パソコン内蔵のデバイスを使用して録音される場合は「パソコンに内蔵されているデバイスを使う場合の設定」を、オーディオインターフェースを使用して録音される場合は「オーディオインターフェースを使う場合の設定」を参照ください。

手順

1. メニューバーの「ファイル」→「新規に録音して耳コピ」を選択すると「録音」ダイアログが開きます。
2. 「録音開始」ボタンをクリックすると録音がスタートします。「録音停止」ボタンをクリックすると録音が完了します。

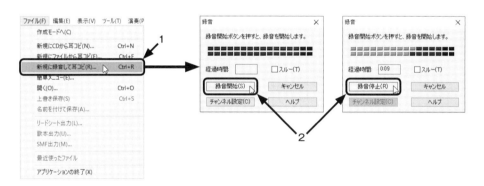

　録音が完了すると「耳コピメニュー」が表示されます。次ページ項目2「耳コピメニューの設定」(P.40)にお進みください。

2 耳コピメニューの設定

　項目1で紹介した方法で曲を読み込むと「耳コピメニュー」ダイアログが表示されます。耳コピメニューでは耳コピしたい内容を選択します。

　耳コピメニューは「コード検出」と「コピー支援」の二つに分かれています。「コード検出」はコードを検出する時に選択します。「コピー支援」はメロディやベースパートのフレーズの耳コピを支援する時に選択します。ここではそれぞれを選択した時の手順を紹介します。

「コード検出」を選択した場合

手順

1. 「耳コピメニュー」ダイアログの表示欄から「コード検出」をクリックしてチェックを入れます。
2. コード検出時の設定をします。

    2-① センターキャンセル欄

    　チェックを入れることで、楽曲のセンターに位置する音をキャンセルすることができます。ボーカル入りの楽曲でセンターキャンセルをすると、ボーカルを取り除いて検出されるのでコード検出の精度があがります。

    2-② ジャンル欄

    　バスドラムの音が大きく（強く）演奏されている楽曲の場合「ロック/ポップス」を選択します。バスドラムの音が小さく（弱く）演奏されていたり、入っていなかったりする楽曲の場合は「ジャズ」を選択します。

    2-③ テンションレベル欄

    　三和音のコードを優先して検出したい場合は「0」を、四和音のコードを優先して検出したい場合は「1」を、五和音のコードを優先して検出したい場合は「2」を、優先して検出したい和音がない場合は「Normal」を選択します。まずは「Normal」で検出してみることをオススメします。

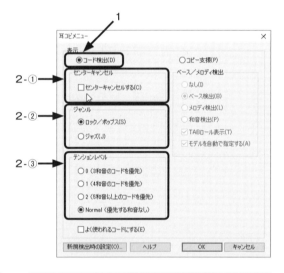

Hint 〈ボーカル入りのポップスの例〉
　ボーカル入りのポップスなどの楽曲からコードを検出する際には、まずは
「センターキャンセル」→チェックを入れる
「ジャンル」→ロック/ポップス
「テンションレベル」→ Normal（優先する和音なし）
の設定で試してみるといいでしょう。

Hint
　「よく使われるコードにする」にチェックを入れると下記のコード以外のコードは検出候補から除外されます。
maj／m／m7／M7／m(♭5)／m7(♭5)／dim／aug／sus4／7sus4／6／m6／9／m9

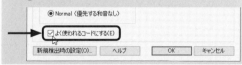

3. 「OK」ボタンをクリックすると曲が読み込まれ「検出範囲の設定」画面が表示されます。検出範囲の設定方法は、本章項目3「検出範囲を設定しよう」（P.43）をご参照ください。

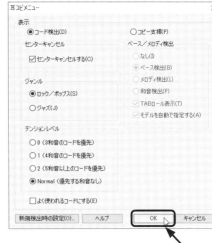

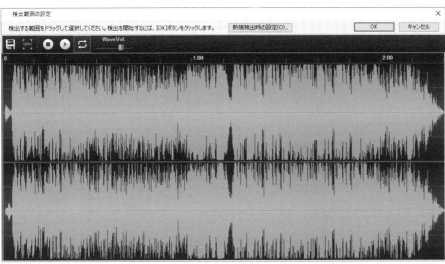

Hint

「新規検出時の設定」ボタンをクリックすることで耳コピメニュー画面の表示・非表示やデフォルトで選択されている箇所の設定、その他検出時の細かい設定などもできます。

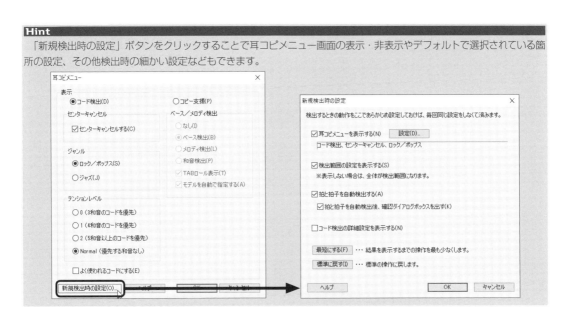

3章　耳コピ用データの取り込み方　41

コピー支援を選択した場合

手順

1. 「耳コピメニュー」ダイアログの表示欄から「コピー支援」をクリックしてチェックを入れます。
2. ベース/メロディ検出欄から「なし」「ベース検出」「メロディ検出」「和音検出」のいずれかをクリックしてチェックを入れます。

   ・**なし**・・・・フレーズや和音の自動検出なし、自分で耳コピしたい時に選択します

   ・**ベース検出**・・・・ベースのフレーズを自動で検出したい時に選択します

   ・**メロディ検出**・・・・メロディを自動で検出したい時に選択します

   ・**和音検出**・・・・和音の音を自動で検出したい時に選択します

3. 「OK」ボタンをクリックすると曲が読み込まれ「検出範囲の設定」画面が表示されます。検出範囲の設定方法は、次ページ項目3「検出範囲を設定しよう」（P.43）をご参照ください。

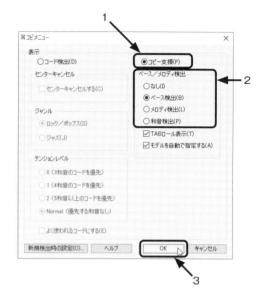

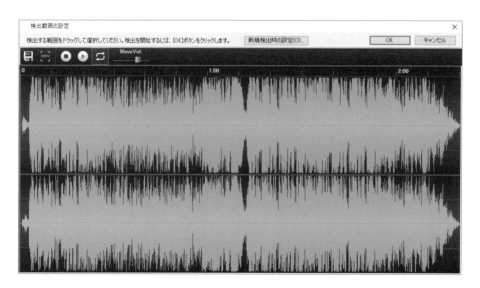

42

3 検出範囲を設定しよう

　項目2で紹介した方法で曲を読み込むと「検出範囲の設定」という画面が表示されます。検出範囲の設定画面では検出する範囲を設定することができます。検出範囲は初期の状態では全体に指定されていますが、例えばイントロだけ耳コピしたいなど、曲の中で耳コピしたい部分が決まっている場合は、検出範囲をその部分だけにすることで検出時間が短縮できます。

手順

1. 「検出範囲の設定」ダイアログで検出したい部分の波形をドラッグします。ドラッグした部分は再生ボタンをクリックすることで試聴できます。
2. 「OK」ボタンをクリックすると検出が開始されます。検出が終了すると画面が変わり「拍と拍子の確認」ダイアログが表示され、検出した部分が1回自動再生されます。「拍と拍子の確認」の操作は次ページ項目4「拍と拍子を確認しよう」（P.44）をご参照ください。

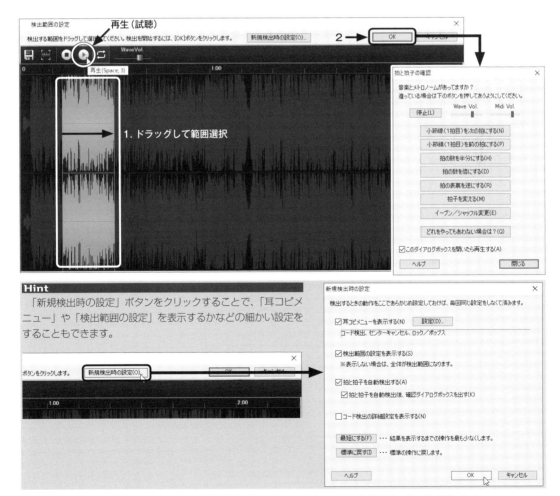

3章　耳コピ用データの取り込み方　43

4 拍と拍子を確認しよう

「拍と拍子の確認」ダイアログでは、読み込んだ音楽とメトロノームの音のタイミングがあっているかを確認します。例えば4/4拍子の時、曲を聴きながら「1、2、3、4」と拍を数えます。その時1拍目が小節の頭（小節線の位置）になるように調整します。

バンドプロデューサー5が検出した1拍目の位置が間違っていた場合は「拍と拍子の確認」ダイアログにあるボタンで修正しましょう。ここでは例として、耳コピメニューで「コード検出」を選択した時の画面で手順を説明します。

手順

1. 「拍と拍子の確認」ダイアログの「演奏」ボタンをクリックして曲を再生します。
   ※「拍と拍子の確認」ダイアログが最初に開いた時は自動的に一度演奏されます。
2. 小節線と1拍目が合っているか音を聴きながら確認します。合っていない場合は「拍と拍子の確認」ダイアログに用意されたボタンをクリックして小節線に1拍目が合うように調節します。

〈「拍と拍子の確認」ダイアログの修正ボタン〉

小節線（1拍目）を次の拍にする
　小節線の位置を現在ある拍から次の拍にします。

小節線（1拍目）を前の拍にする
　小節線の位置を現在ある拍から前の拍にします。

拍の数を半分にする
　半分のテンポになります。

拍の数を倍にする
　倍のテンポになります。

拍の表裏を逆にする
　小節線の位置を現在ある拍から裏拍にします。

拍子を変える
　「拍子の設定」ダイアログで拍子を直接入力します。

イーブン／シャッフル変更
　リズムのイーブンとシャッフルを切り替えます。

> **Hint**
> 拍と拍子の確認ダイアログでは、小節線に1拍目を合わせるだけでなく、拍の数や拍子を変えることもできます。

> **Hint**
> 裏拍が少しだけ遅いタイミングで演奏されるリズムをシャッフルといいます。シャッフルはスキップをしているような跳ねた感じのリズムになります。シャッフルをしていない通常のタイミングで演奏されるリズムをイーブンといいます。

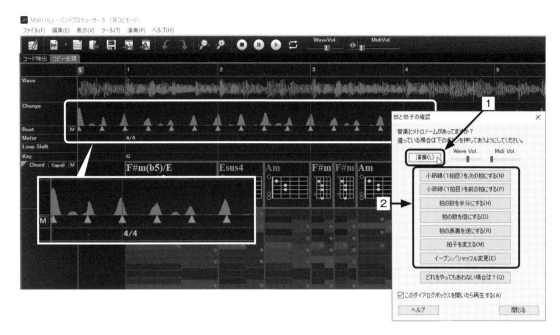

3. タイミングが合ったら「停止」ボタンをクリックして演奏を停止します。
4. 「閉じる」ボタンをクリックして「拍と拍子の確認」ダイアログを閉じます。

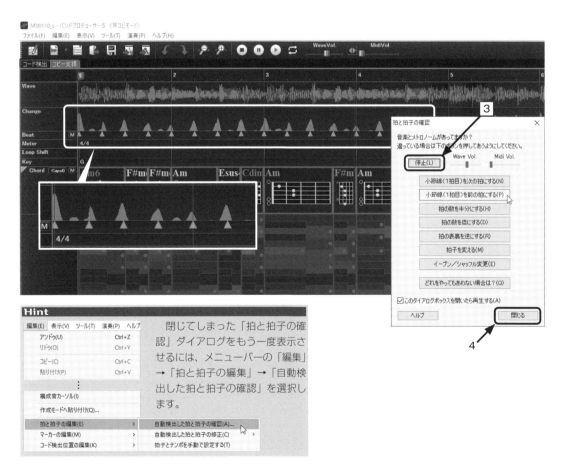

閉じてしまった「拍と拍子の確認」ダイアログをもう一度表示させるには、メニューバーの「編集」→「拍と拍子の編集」→「自動検出した拍と拍子の確認」を選択します。

4章

コード検出で楽曲からコードを検出する

1 コード検出画面

3章で紹介したように耳コピメニューで「コード検出」を選択して耳コピ用の楽曲データを取り込むとコード検出画面が表示されます。

コード検出画面

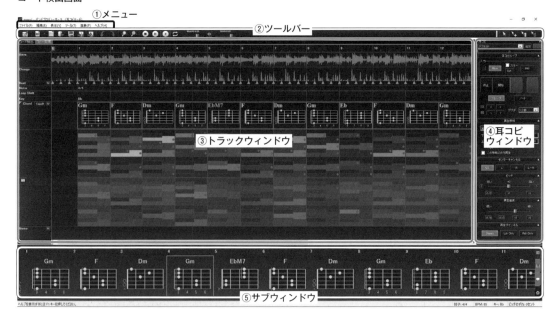

コード検出画面には自動的に検出されたコードが表示されます。コード検出画面では検出したコードの修正などがおこなえます。まずはコード検出画面の各機能をみていきましょう。

①**メニューバー**

コード検出画面で操作できるメニューが表示されています。

②**ツールバー**

よく使用する操作がボタンで用意されています。

③**トラックウィンドウ**

読み込んだ楽曲データの様々な情報が表示されています。

④**耳コピウィンドウ**

再生スピードを変化させたり、音程を変えたりと、元の楽曲データの再生音を変化させるツールが用意されています。これらのツールを使うことで耳コピがしやすくなります。

⑤**サブウィンドウ**

コードダイアグラム、鍵盤 / フレットボード、全体表示と切り替えて表示させることができます。

■それぞれのトラックで表示されるもの

①	Wave	読み込んだ曲の波形を表示しています。
②	Change	音量の変化を表示しています。山が大きいほど大きい音量（アクセントが感じられる）になっています。
③	Beat	拍の位置が▲で表され、そのタイミングでメトロノームが鳴ります。「M」ボタンはメトロノームの音を「鳴らす／鳴らさない（ミュートする）」ための設定ボタンで、消灯状態で音が鳴り、点灯状態で音が鳴らないようになっています。クリックして点灯、消灯を切り替えできます。
④	Meter	拍子を表しています。
⑤	Loop Shift	ループした時の区間が表示されます。
⑥	Key	楽曲のキーを表示しています。
⑦	Chord	検出したコードが表示されています。表示されたコードはWAVEと一緒に演奏されます。「Capo0」ボタンからカポタストの設定ができます。「M」ボタンはこのトラックを「鳴らす／鳴らさない（ミュートする）」ための設定ボタンです。消灯状態で音が鳴り、点灯状態で音が鳴らないようになっています。クリックして切り替えます。
⑧	12音階の強さ	2オクターブぶんの鍵盤が並んでいます。上の1オクターブが「コード検出音域の12音階の強さ」、下の1オクターブが「ベース検出音域の12音階の強さ」を色の濃淡で表しています。明るい（白い）音ほど強くなります。鍵盤上の赤、青の丸はコード検出時に使われた音を示します。

Hint 〈トラックとは〉

音楽ソフトでは様々な情報を取り扱う上でそれらを表示させるレーンを分けています。そのレーンのことをトラックと呼んでいます。例えばバンドプロデューサー5ではWAVE波形を表示させるトラックをWAVEトラック、コードネームが表示されるトラックをChordトラックと呼んでいます。

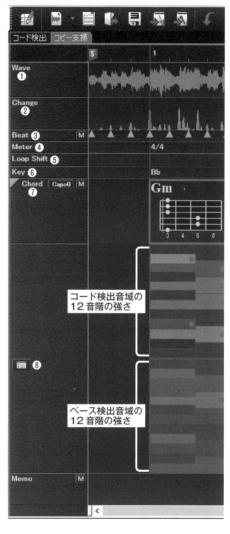

4章　コード検出で楽曲からコードを検出する

■ツールバーの各機能

①	作成モードへ	作成モードに切り替えるボタンです。
②	ファイルから耳コピ	耳コピ用のファイルを読み込みます。ボタン右横のプルダウンメニューから楽曲データの読み込み方法を選択して読み込むこともできます。
③	簡単メニュー	目的に応じた画面を表示してくれる簡単メニューを開きます。
④	検出ファイルを開く	以前保存したプロジェクトファイルを開きます。
⑤	検出ファイルを上書き保存	作業中のプロジェクトを上書き保存します。
⑥	リードシート出力	検出したコードや入力したメモをリードシートに出力します。
⑦	歌本出力	検出したコードを歌本に出力します。
⑧	アンドゥ	直前に行った操作を取り消します。
⑨	リドゥ	直前に行ったアンドゥの操作を取り消します。
⑩	横軸縮小	トラックの横軸の表示サイズを縮小します。
⑪	横軸拡大	トラックの横軸の表示サイズを拡大します。
⑫	停止	トラックの再生を停止します。
⑬	一時停止	トラックの再生を一時停止します。
⑭	再生	トラックを再生します。再生は演奏開始ポインタ「S」の位置から再生されます。
⑮	くり返し	くり返し再生のオンとオフを切り替えます。
⑯	WaveVol	耳コピ用に取り込んだ楽曲データの再生音量を調整します。
⑰	Wave/Midi音量切り替え	耳コピ用に取り込んだ楽曲データ（Wave）の再生と、検出したコードや入力したメモ（Midi）の再生を切り替えます。両方同時に再生するか、どちらかだけを再生するかを選択できます。
⑱	MidiVol	検出したコードや入力したメモの再生音量を調整します。
⑲	選択カーソル	ビート位置、小節線位置、コード検出位置を編集します。
⑳	追加カーソル	ビート、小節線、コード検出位置、拍子、キーの入力をします。
㉑	削除カーソル	ビート、小節線、拍子、キーの削除をします。
㉒	構成音カーソル	コードの構成音の編集をします。

2 拍と小節線のタイミングを修正する

　取り込んだ楽曲データのタイミングがコード検出画面に表示されている小節や拍に合っていない時はコード検出画面の小節線や拍の位置を手動で修正しましょう。拍のタイミングを1拍ずつで修正したい場合は拍の修正、拍の間隔はそのままで小節線のタイミングを直したい時には小節線の修正をします。ここでは拍の修正と小節線の修正の手順をそれぞれ説明します。

拍の修正

手順

1. 選択カーソルボタンをクリックしてマウスを選択カーソルに切り替えます。
2. ツールバーの再生ボタンをクリックしてデータを再生させます。メトロノームはコード検出画面の拍に合わせて鳴るので、取り込んだ楽曲データの拍がメトロノームと合っているか確認します。

Hint
ツールバーのWaveVolのスライダーを左にドラッグして取り込んだ楽曲データの再生音量を少し下げるとメトロノームの音が聴こえやすくなります。

3. 取り込んだ楽曲データの拍がメトロノームと合っていない場合は手動で修正します。
　Beatトラックに表示されている▲の位置が拍になるので、修正したい箇所の▲を左右にドラッグして調整します。

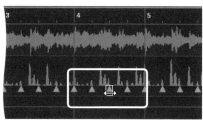
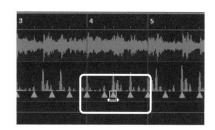

Hint
　Changeトラックに表示されている音のピークが拍のタイミングになっている場合が多いのでそれらを参考にしながら拍を探しましょう。ただし、ピークが大きいところが必ず拍になるわけではありません。小さいピークのところが拍になっていることもあるので▲の位置をドラッグしながら探していきましょう。

4章　コード検出で楽曲からコードを検出する　51

4. ▲の位置を調整した後はツールバーの再生ボタンでもう一度データを再生させ、拍の位置でメトロノームが鳴っているか確認しましょう。

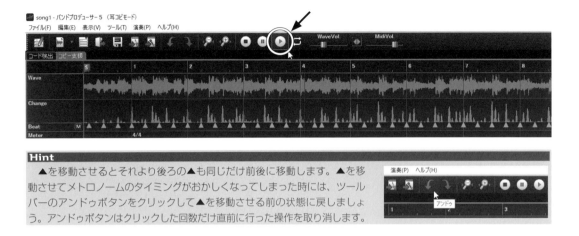

Hint
▲を移動させるとそれより後ろの▲も同じだけ前後に移動します。▲を移動させてメトロノームのタイミングがおかしくなってしまった時には、ツールバーのアンドゥボタンをクリックして▲を移動させる前の状態に戻しましょう。アンドゥボタンはクリックした回数だけ直前に行った操作を取り消します。

小節線の修正

手順

1. 選択カーソルボタンをクリックしてマウスを選択カーソルに切り替えます。

2. ツールバーの再生ボタンをクリックしてデータを再生させます。取り込んだ楽曲データの1拍目と小節線のタイミングがあっているかメトロノームを聴きながら確認します。

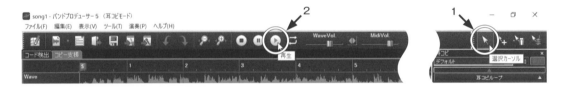

3. 取り込んだ楽曲データの1拍目が小節線と合っていない場合は手動で修正します。
マウスカーソルを小節線の上に持っていくと小節線が白く光ります。白く光った小節線を左右にドラッグして調整します。

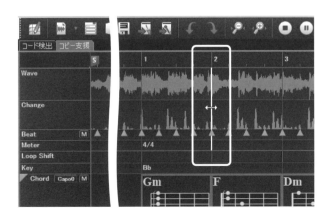 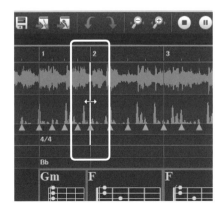

52

4. 小節線の位置を調整した後はツールバーの再生ボタンで元の楽曲データを再生させ、小節線の位置があっているかメトロノームを聴きながら確認しましょう。

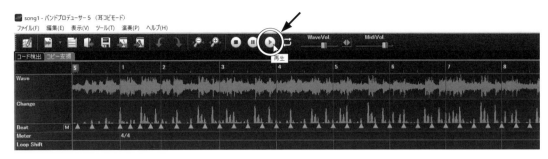

> **Hint**
> 小節線の修正は曲の途中でリタルダンド（曲のテンポが次第に遅くなる）している箇所などに用いると便利です。小節線をドラッグしても小節の中の拍の位置は均等に再配置されます。

3 拍子の修正

楽曲によっては楽曲の途中で拍子が変わるものもあります。ここでは拍子の修正方法を紹介します。

曲の途中で一部分だけ拍子が変わる場合

4/4 拍子の曲の途中で 1 小節だけ 2/4 拍子が出てきて、その後に元の拍子（4/4 拍子）に戻る場合などは、小節線を追加することで対応できます。

手順

1. 追加カーソルボタンをクリックしてマウスを追加カーソルに切り替えます。
2. Wave トラック上の追加したい拍の位置（2/4 拍子が終わるタイミング）をクリックすると小節線が追加されます。

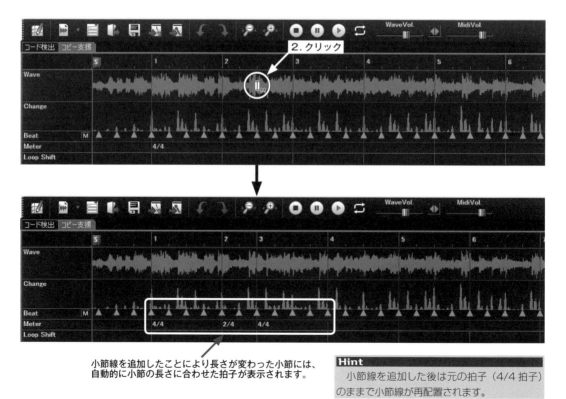

小節線を追加したことにより長さが変わった小節には、自動的に小節の長さに合わせた拍子が表示されます。

Hint
小節線を追加した後は元の拍子（4/4 拍子）のままで小節線が再配置されます。

曲の途中から拍子が変わる場合

4/4拍子の曲で途中から3/4拍子に変わってその後もそのまま同じ拍子（3/4拍子）で続く場合は拍子を追加で入力することで対応できます。

手順

1. 追加カーソルボタンをクリックしてマウスを追加カーソルに切り替えます。
2. Meterトラック上の追加したい小節の位置（3/4拍子が始まるタイミング）をクリックすると「拍子のプロパティ」ダイアログが表示されます。
3. 新しい拍子を指定します。
4. 「OK」ボタンをクリックすると拍子が入力されます。拍子を追加した場所より後は、追加した拍子になります。

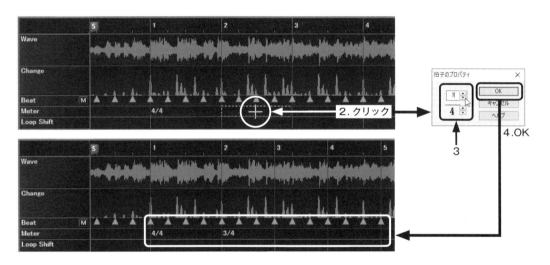

楽曲の頭の拍子を変える場合

すでに表示されている拍子を変える場合は、表示されている拍子をクリックすることで拍子のプロパティが表示されます。そこで新しい拍子を指定し直すことで拍子を変えることができます。間違って追加してしまった拍子や、楽曲の頭に設定されている拍子なども変更できます。

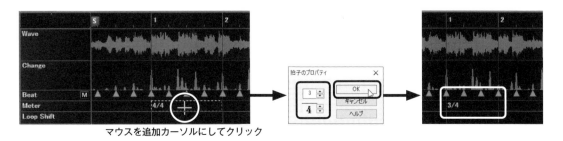

4 コード分割位置の修正

　コードが切り替わる位置をコード分割位置といいます。このコード分割位置は位置を修正したり、追加や削除ができます。コードが切り替わるタイミングが違っていた場合にはコード分割位置を修正します。小節の中でコードが変わっているのにコードが分割されていない場合などでは、コード分割位置を追加することができます。

コードが切り替わる位置が違っていた場合

手順

1. 選択カーソルボタンをクリックしてマウスを選択カーソルに切り替えます。
2. Chord トラックに表示されているコード分割位置にマウスカーソルを持っていくと白く光ります。白く光ったコード分割位置を左右にドラッグして調整します。

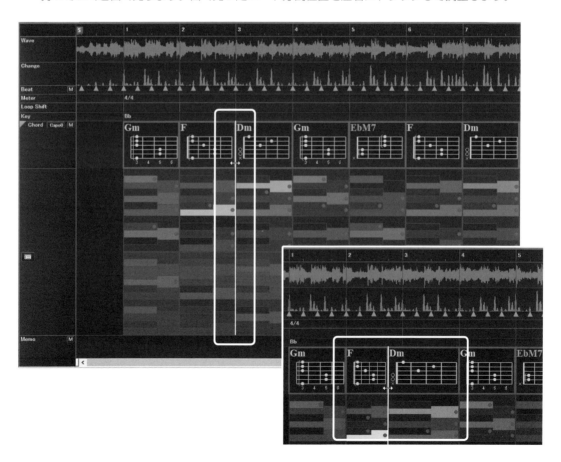

コードが変わっているのに分割位置がない場合

手順

1. 追加カーソルボタンをクリックしてマウスを追加カーソルに切り替えます。
2. Chord トラック上の追加したい位置をクリックすることで分割位置が追加されます。

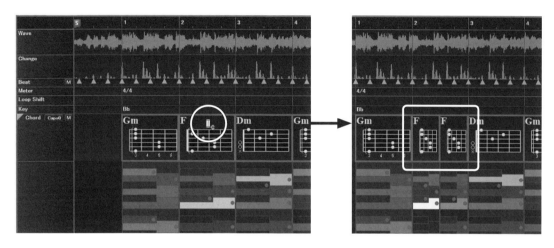

コードの修正は次ページの項目5「コードの修正」をご覧ください。

コードが変わっていないのに分割されてしまっている場合

手順

1. 削除カーソルボタンをクリックしてマウスを削除カーソルに切り替えます。
2. Chord トラック上の削除したい分割位置にマウスカーソルを持っていくと白く光ります。白く光った分割位置をクリックすることで分割位置が削除されます。

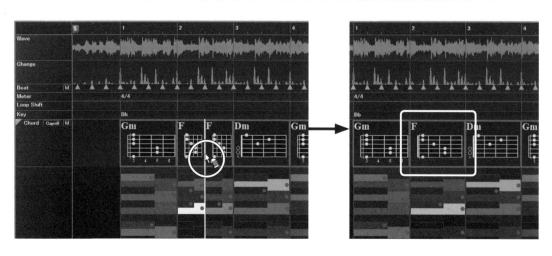

4章　コード検出で楽曲からコードを検出する　　57

5 コードの修正

　コード検出によって検出されたコードは Chord トラックに表示されます。Chord トラックに表示されているコードが取り込んだ楽曲のものと合わない場合は、合わない部分のコードを変更することができます。変更する場合はサブウィンドウに表示された候補のコードから選択して変更します。

手順

1. 選択カーソルボタンをクリックしてマウスを選択カーソルに切り替えます。
2. Chord トラックの修正したいコードをクリックすると、画面下のサブウィンドウに候補のコードが表示されます。

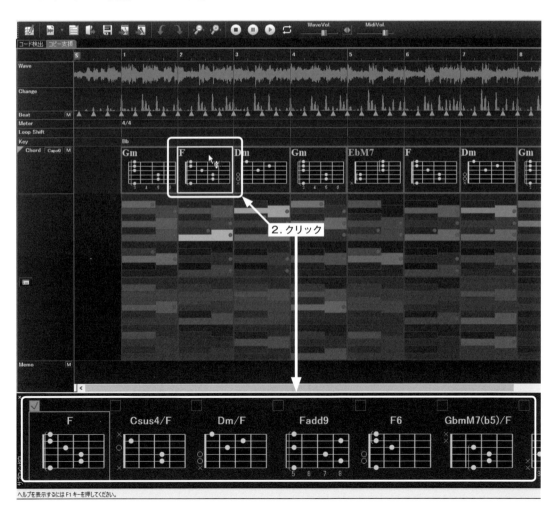

3. サブウィンドウに表示された候補のコードの左上のチェックボックスをクリックしてチェックを入れることでコードが変更されます。

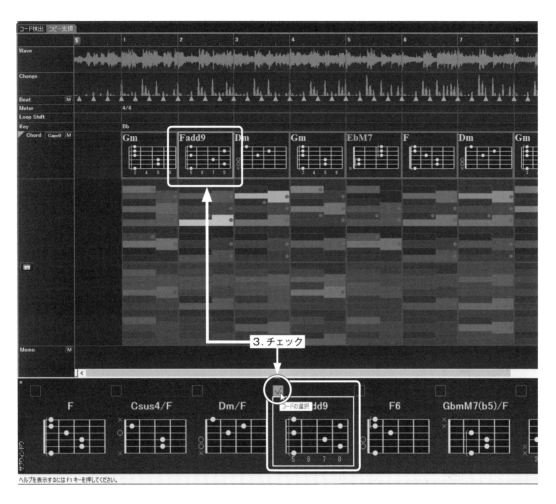

Hint

コード選択時に候補のコードをクリックすることで試聴することができます（①）。候補のコードの上で右クリックして表示されるメニューの「選択時、WAVEも鳴らす」を選択してチェックを入れておくと（②）元の楽曲と一緒にコードが鳴ります。元の楽曲と同時に鳴らすことでより合うコードが探しやすくなります。

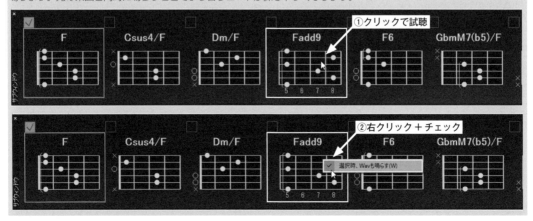

4章　コード検出で楽曲からコードを検出する　　59

Hint

候補の中に目的のコードがなかった場合はベース音を指定し直すことで候補のコードが変わります。ベース音は12音階の強さのところの鍵盤を右クリックして指定し直すことができます。

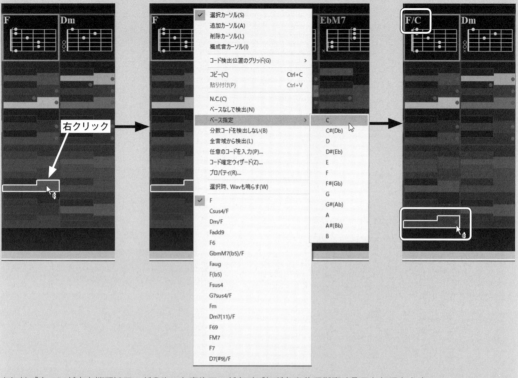

またサブウィンドウ右端ではコードのルート音やコードタイプなどを自分で指定することもできます。

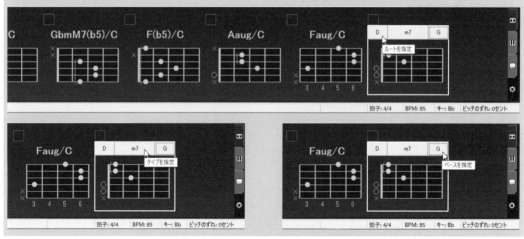

5章

フレーズや和音の音を耳コピする コピー支援画面の使い方

1 コピー支援画面

3章で紹介したように耳コピメニューで「コピー支援」を選択して楽曲データを取り込むとコピー支援画面が表示されます。

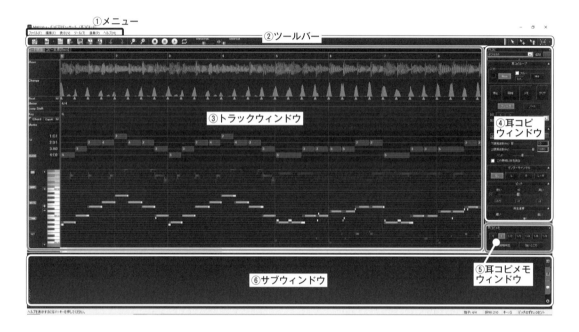

コピー支援画面は楽曲の中で実際に演奏されている音を耳コピしていく画面になります。メロディやベースなどのフレーズや、和音を構成する音の候補がパワーマップと呼ばれる色の濃淡で表示されます。色が濃いものほど強い音を示すので、耳コピでは濃い音から選んでいきます。音が合わない時には次に色が濃いものを試すといった具合に耳コピを進めていきます。

耳コピした音は耳コピメモというところにメモしていきます。耳コピメモはMIDIデータとして出力したり、譜面として印刷したりすることもできます。

またコピー支援画面では、楽曲の再生スピードを遅くしたり、音程を変えたりと耳コピを助けてくれる便利な機能も数多く用意されています。

まずはコピー支援画面の各機能をみていきましょう。

①メニューバー

コード検出画面で操作できるメニューが表示されています。

②ツールバー

よく使用する操作がボタンで用意されています。

③トラックウィンドウ

読み込んだ楽曲データの様々な情報が表示されています。トラックウィンドウ下部のスクロールバーかもしくはマウスホイールを使ってウィンドウ内をスクロールして表示できます。

④耳コピウィンドウ

再生スピードを変化させたり、音程を変えたりと、元の楽曲データの再生音を変化させるツールが用意されています。これらのツールを使うことで耳コピがしやすくなります。

⑤耳コピメモウィンドウ

Memoトラックに入力するメモの音符の長さを指定できます。

「2」2分音符、「1」4分音符、「1/2」8分音符、「1/3」3連8分音符、「1/4」16分音符、「1/6」3連16分音符、「1/8」32分音符になります。

⑥サブウィンドウ

コードダイアグラム、鍵盤/フレットボード、全体表示と切り替えて表示させることができます。またマルチタッチにも対応しています。

Hint 〈パートの追加〉

コピー支援画面はベースパート用、メロディーパート用などと複数のパートをタブを分けて表示させることができます。パートの追加はコピー支援タグを右クリックして表示されるメニューから「パートの追加」を選択します。

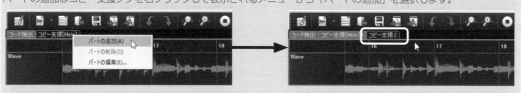

同様の操作でパートの削除を選択することで選択されているパートが削除されます。

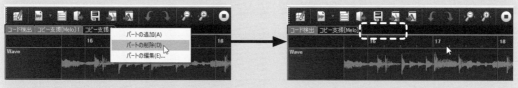

パートの編集を選択すると「パートの編集」ダイアログを表示します。「パートの編集」ダイアログは「SET」ボタンをクリックした時に表示されるものと同じものです。

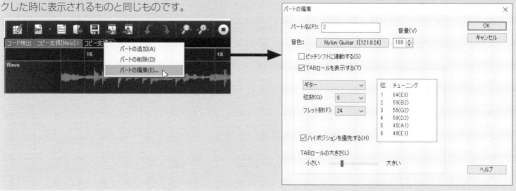

5章　フレーズや和音の音を耳コピするコピー支援画面の使い方

■コピー支援画面のトラック

以下にコピー支援画面でのトラックについて説明します。

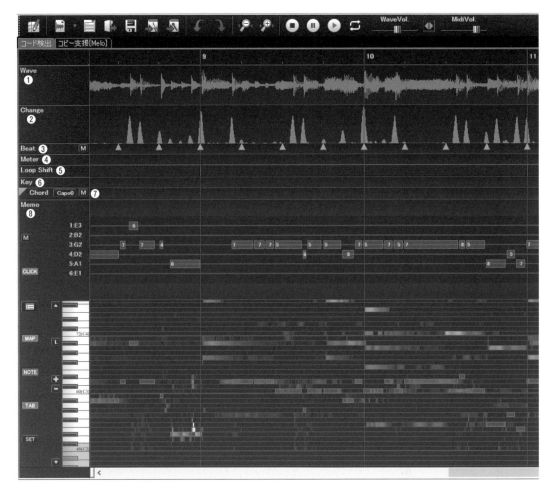

①	Wave	読み込んだ曲の波形を表示しています。
②	Change	音量の変化を表示しています。山が大きいほど大きい音量（アクセントが感じられる）になっています。
③	Beat	拍の位置が▲で表されていて、そのタイミングでメトロノームが鳴ります。「M」ボタンはこのトラックのミュート（消音）になっていて、点灯させることでメトロノームの音がミュートされます。
④	Meter	拍子を表しています。
⑤	Loop Shift	ループした時の区間が表示されます。
⑥	Key	楽曲のキーを表示しています。
⑦	Chord	コードトラック左上の、オレンジの三角形をクリックして、ダイアグラムを表示できます。

⑧	Memo	色の濃淡で表されている各音階の音の強さ（パワーマップ）を見ながら、耳コピした音を音階上にメモしていくことができます。
	M	点灯でMemoトラックをミュート（消音）します。
	CLICK	点灯でMemoトラック上の鍵盤やNOTEをクリックしたときに音を鳴らします。
	再検出	クリックすると「検出の詳細設定」ダイアログを表示します。設定を変更してパワーマップを再検出できます。
	MAP	点灯でパワーマップを表示します。
	NOTE	点灯で耳コピしたメモを表示します。一番強い音が検出時に自動でメモされています。
	TAB	点灯でTABロールを表示します。
	SET	クリックすると「パートの編集」ダイアログを表示します。「パートの編集」ダイアログではTABロールの種類や音色などの設定が行えます。
	音域表示	クリックすると表示されるメニューから鍵盤の音域表示が選択できます。
	＋／－	ロール画面を縦軸に拡大縮小します。
	▲／▼	ロール画面の表示を上下に移動します。

Hint

耳コピメモウィンドウで「領域検出」ボタンが点灯している時に、パワーマップ上をドラッグして音域と時間範囲を指定すると音の強いところが耳コピメモとしてMemoトラックに追加されます。

耳コピメモウィンドウで「強いところ」ボタンが点灯していると、パワーマップ上の色が濃いところだけ耳コピメモとしてMemoトラックに追加されます。

■ツールバーの各機能

①	作成モードへ	作成モードに切り替えるボタンです。
②	ファイルから耳コピ	耳コピ用のファイルを読み込みます。またボタン右横のプルダウンメニューから楽曲データの読み込み方法を選択して読み込むこともできます。
③	簡単メニュー	目的に応じた画面を表示してくれる簡単メニューを開きます。
④	検出ファイルを開く	以前保存したプロジェクトファイルを開きます。
⑤	検出ファイルを上書き保存	作業中のプロジェクトを上書き保存します。
⑥	リードシート出力	検出したコードや入力したメモをリードシートに出力します。
⑦	歌本出力	検出したコードを歌本に出力します。
⑧	アンドゥ	直前に行った操作を取り消します。
⑨	リドゥ	直前に行ったアンドゥの操作を取り消します。
⑩	横軸縮小	トラックの横軸の表示サイズを縮小します。
⑪	横軸拡大	トラックの横軸の表示サイズを拡大します。
⑫	停止	トラックの再生を停止します。
⑬	一時停止	トラックの再生を一時停止します。
⑭	再生	トラックを再生します。再生は演奏開始ポインタ「S」の位置から再生されます。
⑮	くり返し	くり返し再生のオンとオフを切り替えます。
⑯	WaveVol	耳コピ用に取り込んだ楽曲データの再生音量を調整します。
⑰	Wave/Midi音量切り替え	耳コピ用に取り込んだ楽曲データ（Wave）の再生と、Memoトラックの耳コピメモ（Midi）の再生を切り替えます。両方同時に再生するか、どちらかだけを再生するかを選択できます。
⑱	MidiVol	Memoトラックの耳コピメモの再生音量を調整します。
⑲	選択カーソル	耳コピメモ（NOTE）、ビート位置、小節線位置、コード検出位置を編集します。
⑳	追加カーソル	耳コピメモ、小節線、コード検出位置、拍子、キーの入力をします。

㉑	削除カーソル	耳コピメモ、ビート、小節線、拍子、キーの削除をします。
㉒	耳コピメモのグリッド	耳コピメモのグリッドを設定します。▼をクリックして表示されるものからグリッドを選択します。

2 耳コピメモとは？

　コピー支援画面では Memo トラックという場所に耳コピした音を書き込みます。この Memo トラックに書かれている音のことを「耳コピメモ」といいます。耳コピメモは TAB ロールとピアノロールで表示されます。

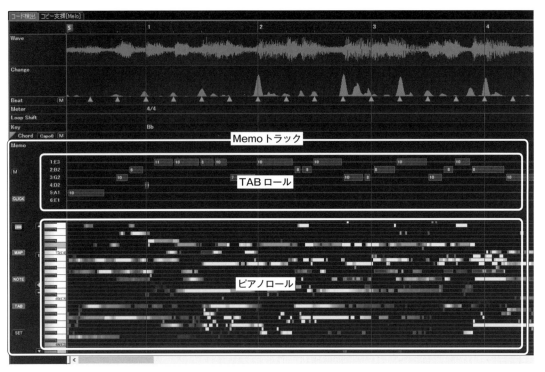

　耳コピメニューの「ベース／メロディ検出」欄で「ベース検出」「メロディ検出」「和音検出」を選択した場合は、検出されたフレーズや和音の音が耳コピメモとして書き出された状態でコピー支援画面が開きます。

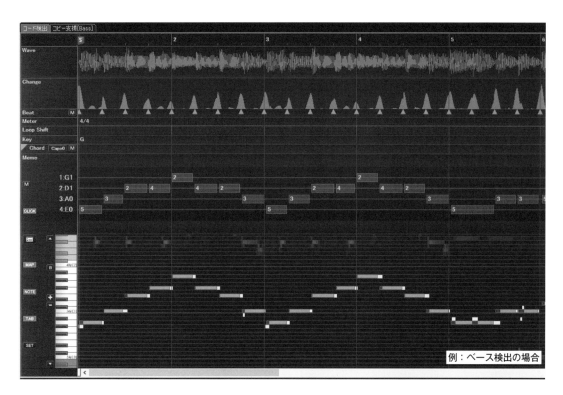

例：ベース検出の場合

　耳コピメニューの「ベース / メロディ検出」欄で「なし」を選択した場合には耳コピメモは書き出されません。

Hint
　耳コピメニューの「ベース / メロディ検出」欄の「なし」はフレーズや和音の音が検出されないので自分で耳コピしたい時に使いましょう。

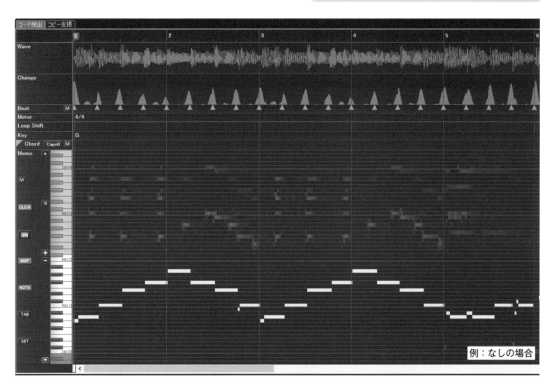

例：なしの場合

5章　フレーズや和音の音を耳コピするコピー支援画面の使い方

3 耳コピメモの使い方

　Memoトラックには検出した音がパワーマップと呼ばれる色の濃淡で表示されます。可能性のある音が候補として検出されるので同じタイミングに音がいくつか表示されています。色が濃いものほど強い音を表しています。
　例としてベースフレーズが検出されたものを使って耳コピメモの使い方を説明します。

耳コピメモの修正

手順

1. 選択カーソルボタンをクリックしてマウスを選択カーソルに切り替えます。
2. メモを入力しやすい大きさに画面を調整しましょう。

　2-① 横軸拡大、縮小ボタンで横軸の大きさを調整します。ここでは横軸を拡大しています。

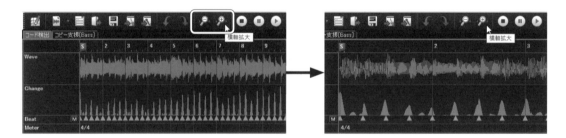

　2-②「＋」「－」(「鍵盤を拡大、縮小」)ボタンを使ってロール画面を縦軸に拡大縮小します。ここでは縦軸を拡大しています。

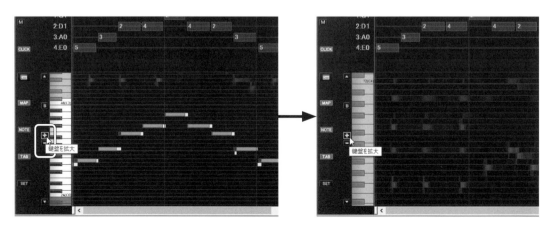

2-③ 縦軸を拡大すると耳コピメモ（NOTE）が見にくい位置になってしまいますので、「▲」「▼」ボタンを使ってピアノロール画面の表示を上下に移動します。

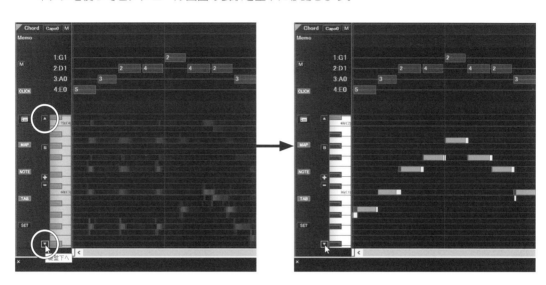

3. 「再生」ボタンをクリックして楽曲を再生させながら、入力されている音の高さやタイミングが合っているか確認をします。

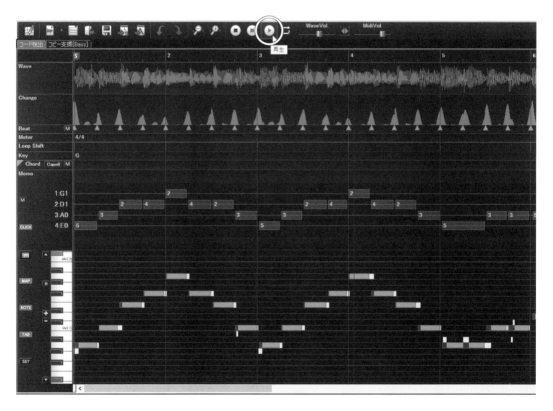

4. 音が合っていないところがあったら、耳コピメモの音をドラッグして高さやタイミングを修正します。

4-① 音の高さ（音程）の変更

高さを変更したい音をドラッグし、表示される四角（▭）を目安に移動します。

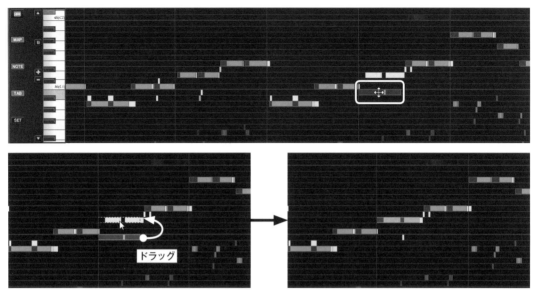

4-② 音が鳴るタイミングの変更

変更できるタイミングの間隔はグリッドで選択した値になるので、まずはグリッドの値を選択します。変更したい音をドラッグし、表示される四角（▭）を目安に移動します。

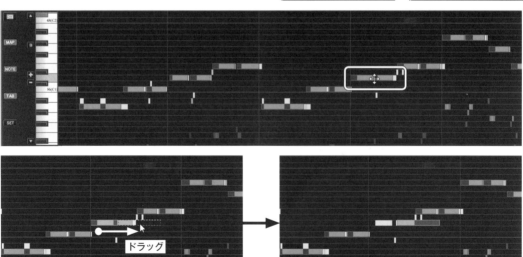

Hint 〈グリッドとは〉
　グリッドとは音符を入力したり、移動したりする時のタイミングの細かさを表したものです。例えばグリッドで1拍を選択すると4分音符のタイミングに合わせて移動できます。より細かいタイミングで音符を移動するには細かいグリッドを選択する必要があります。最初は半拍（8分音符）、1/4（16分音符）くらいで試してみましょう。

4-③ 音の長さの変更

耳コピメモの音の終わりをドラッグすることで長さも修正できます。

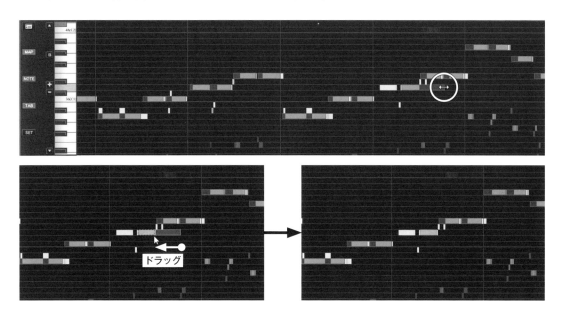

耳コピメモの削除

手順

1. 削除カーソルボタンをクリックしてマウスを削除カーソルに切り替えます。
2. 削除したい音をクリックすると削除できます。

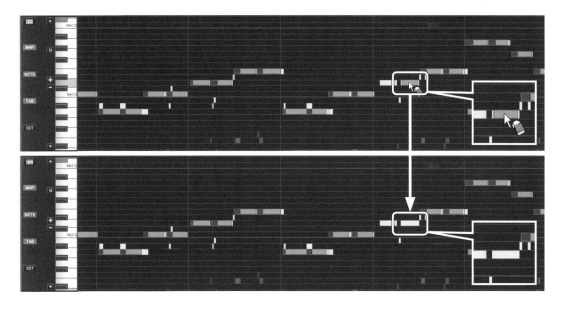

耳コピメモの入力

手順

1. 追加カーソルボタンをクリックしてマウスを追加カーソルに切り替えます。
2. グリッドボタン左横の▼をクリックして入力する音符のグリッドを選択します。

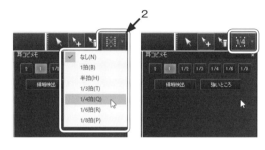

Hint 〈グリッドとは〉
入力する音符のタイミングの細かさはグリッドで決めた値になります。最初は半拍（8分音符）、1/4（16分音符）くらいで試してみましょう。

3. 耳コピメモウィンドウから入力する音符の長さのボタンをクリックして点灯させます。
「2」2分音符、「1」4分音符、「1/2」8分音符、「1/3」3連8分音符、「1/4」16分音符、「1/6」3連16分音符、「1/8」32分音符になります。
4. 入力したい位置でクリックすると音符が入力されます。

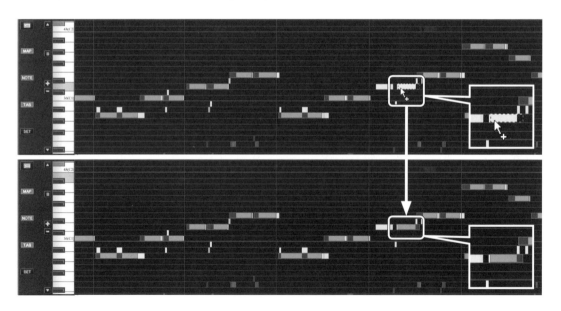

74

ループ機能を使って繰り返し聴くには

　選択した範囲をくり返し再生する機能を耳コピループといいます。耳コピループを使うことで聴き取りづらい箇所をくり返して聴くことができます。また再生ボタンをクリックすると楽曲の頭から再生されてしまいますが、耳コピループを使うことで楽曲の途中から再生することもできます。

手順

1. ループのスタート位置を決めます。
   小節番号が書かれたレーンをクリックすると「S」マークが付きます。「S」は再生ボタンをクリックした時の再生スタート位置になります。
2. ループの終了位置を決めます。
   小節番号が書かれたレーン右クリックすると「E」マークが付きます。「E」は再生終了位置を表しています。
   「S」と「E」が付くと「Loop Shift」トラックに色が付き、その区間がループ範囲に設定されます。

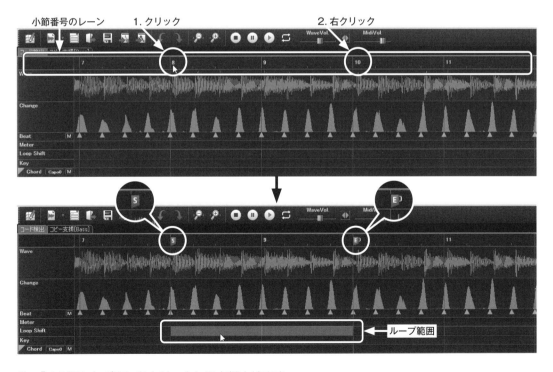

3. 「くり返し」ボタンをクリックして点灯させます。
4. 「再生」ボタンをクリックして再生するとループ範囲が繰り返し再生されます。

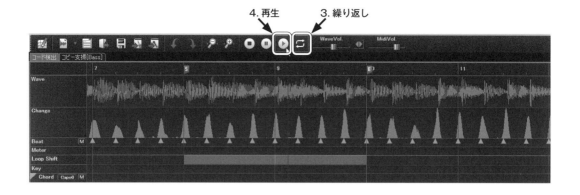

■曲の途中から聴く

曲の途中から聴きたい時などには「S」マークだけ表示させておくと便利です。ループにならずに「S」の場所から再生されます。

もし「E」マークが表示されてしまっている場合は「S」マークの上、もしくは「S」マークを設定している小節よりも早い位置で右クリックすることで「E」マークを消して「S」マークだけにすることができます。

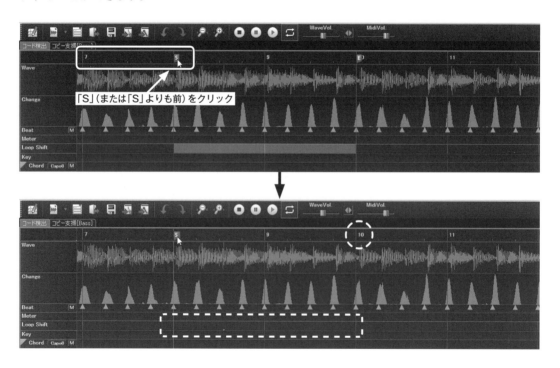

■ループの範囲を調節する

耳コピウィンドウにある「耳コピループ」ツールでループの範囲の細かさ（グリッド）が調整できます。ループツールでグリッド設定すると「Loop Shift」トラックにグリッドで指定した細かさが線で表示されます。

「フレーズ」ボタンをクリックして点灯させると（①）、プルダウンメニューから「なし」「1拍」「1小節」でグリッド（ここではループ範囲の細かさ）を調整できます（②）。

「ノート」ボタンをクリックして点灯させると（③）、プルダウンメニューから「なし」「1/8拍」「1/4拍」「1/3拍」「半拍」「1拍」でグリッド（ここではループ範囲の細かさ）を調整できます（④）。

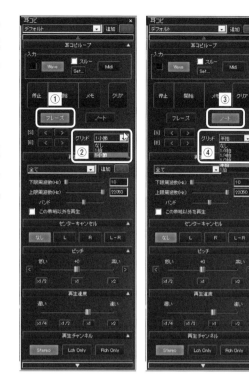

「フレーズ」「ノート」ともにグリッドで「なし」を選択すると（⑤）、グリッドを無視して自由な位置が選択できます（⑥）。

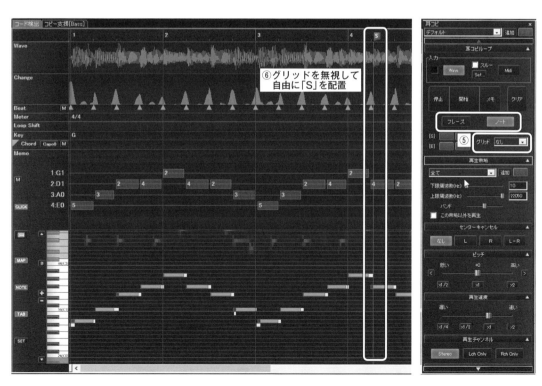

5章　フレーズや和音の音を耳コピするコピー支援画面の使い方　　77

5 耳コピに便利なツール

コピー支援画面には耳コピループ以外にも耳コピを助けてくれる便利なツールが数多く用意されています。ツールを使用すると元の楽曲の音が再生時に変化して再生されます。またその音に合わせてパワーマップに表示される音も変化します。

例えば再生速度を変えるツールを使うと再生時の再生速度が変わります。早いフレーズなどは再生速度を遅くすることで耳コピがしやすくなります。そしてこれらのツールのいいところは再生時に音が変わるだけなので、元の楽曲データを直接変更しません。キーボードの入力が半角英数の状態でキーボードの「**Ctrl**」＋「**Z**」を一回押すことでツールの値は元に戻ります。

ツールは耳コピウィンドウで操作します。耳コピウィンドウは縦長なので▲▼ボタンをクリックして使いたいツールを見やすい位置に表示させて使いましょう。それではそれぞれのツールを詳しく解説していきます。

楽曲の真ん中に位置する音をカットする（センターキャンセル）

ステレオ録音された楽曲ではピアノが右側から聴こえてきたり、ギターは左側から聴こえてきたりと楽曲の中では楽器ごとで鳴っている位置が違っていたりします。この楽器が鳴っている位置のことを定位（PAN）といいます。通常、ボーカルが入っているポップスなどでは歌の定位は真ん中になります。

多様な位置関係がありますが、右図のような位置関係を思い浮かべて下さい。

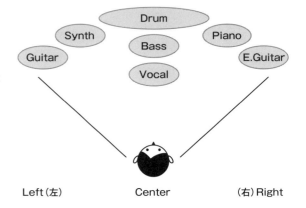

ここで紹介する「センターキャンセル」というツールは、センター（真ん中：下図中**C**のグレーのエリア）に定位する音を消すことができるツールです。センターに定位する音を消すことで左右に定位する音などが聴き取りやすくなります。

> **Hint**
> センターキャンセルは左右にチャンネルがあるステレオ音源で使用しましょう。左右にチャンネルがないモノラル音源では効果がありません。
> 　また楽器の音はある一つの場所だけで鳴っているのではなく、その残響音なども含めると大きく左右に広がっていたりします。そういった場合はセンターキャンセルをしても音が完全に消えずに少し残ってしまいます。

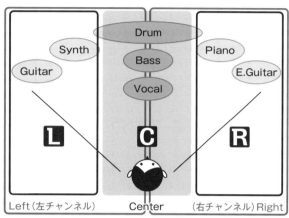

「なし」

センターキャンセルなし、このツールを使わない時はここを点灯しておきます。
（**L C R**すべてのエリアの音が聴こえます。）

「L」

センターキャンセルして左チャンネルの音をモノラルで再生します。
（**L**エリアの音が聴こえます。）

「R」

センターキャンセルして右チャンネルの音をモノラルで再生します。
（**R**エリアの音が聴こえます。）

「L-R」

センターキャンセルして左右チャンネルの音をミックスしてモノラルで再生します。（**L**と**R**エリアの音が合わさって聴こえます。）

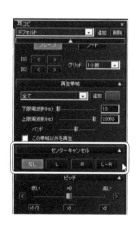

　「L」ボタンもしくは「R」ボタンが点灯している時は帯域と範囲も設定できます。

> **Hint**
> 「音」の正体は楽器の発する振動です。音（振動）は空気などを伝わって私たちの耳に届きます。音の高さによって1秒間に振動する数（振動数）は変わります。1秒間の振動数を「周波数」といい、「Hz」という単位の数値で表されます。周波数が高いと音は高くなり、周波数が低いと音は低くなります。ある楽器が発することができる周波数の幅をその楽器の帯域（周波数帯域）とよびます。

　「帯域」欄のプルダウンメニューから楽器を選択することでその楽器がもつ帯域の音を消すことができます。楽器がもつ帯域の周波数はプルダウンメニューから選択することで自動的に設定されますが、下限周波数（Hz）や上限周波数（Hz）、バンドなどのスライダーで調整することもできます。

5章　フレーズや和音の音を耳コピするコピー支援画面の使い方　　79

「抽出モード」のチェックボックスにチェックを入れると（①）、プルダウンメニューで選択した楽器の音だけが再生されます。

「範囲」欄のプルダウンメニューではセンターキャンセルの範囲が設定できます（②）。振幅許容度（dB）、位相許容度（Deg）はそれぞれ振幅や位相によるセンターキャンセルの効果を調整するものです。範囲欄のプルダウンメニューから選択した範囲に合わせてこれらのスライダーの値は自動的に設定されます。

減衰限界値のスライダーはセンターキャンセルの効果の度合いが調整できます（③）。

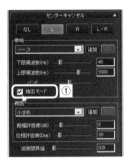  

▎使用例

使用例としてベースの音を目立たせて聴きたい場合の使い方を紹介します。

手順

1. 「L」ボタン、もしくは「R」ボタンを点灯させます。
2. 帯域欄のプルダウンメニューからベースを選択します。
3. 抽出モードにチェックを入れます。
4. 「再生」ボタンをクリックして再生させるとベースの帯域の音だけが再生されます。

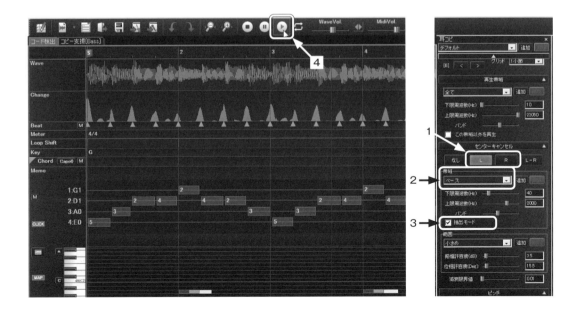

再生する速度を落として音を聴き取りやすくする（再生速度）

楽曲の再生速度を変更できるツールになります。通常、オーディオ（Wave）の再生スピードを変えるとそれに合わせて音程も変わってしまいますが、このツールは音程を変えることなく再生速度を変更することができます。

「×1/4」
1/4の速度で再生します。
「×1/2」
1/2の速度で再生します。
「×1」
通常の速度で再生します。このツールを使わない時はここを点灯しておきます。
「×2」
2倍の速度で再生します。

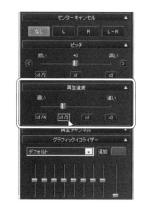

再生速度はスライダーをドラッグすることで自由に調整できます。

■使用例

早い演奏や難しいフレーズなどは再生速度を遅くすることで1音1音が聴き取りやすくなります。「×1/4」や「×1/2」をクリックして聴いてみましょう。

スライダーを使って自分が聴きやすい速度に微調整しましょう。

 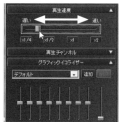

音程を変えてフレーズを聴き取りやすくする（ピッチ）

「ピッチ」は音程を変えることができるツールです。聴き取りにくい高さの楽器などではピッチツールを使って音程を変えることでフレーズが聴き取りやすくなります。

「×1/2」
音程をオクターブ下げて再生します。
「×1」
通常の音程で再生します。このツールを使わない時はここを点灯しておきます。
「×2」
音程をオクターブ上げて再生します。

「＜」や「＞」をクリックするか、スライダーをドラッグすることで音程を半音ずつ調整できます。「＜」または「＞」をクリックするごとに数値が±1ずつ増減し（1は半音）、-12でオクターブ下（=「×1/2」）、+12でオクターブ上（=「×2」）になります。

▌使用例

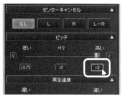

ベースなどの低い音程の楽器は音程が聴き取りづらいですが、ピッチを使って音程をオクターブ高くすることで聴き取りやすくなります。

▌左側や右側で鳴っている楽器の音を聴き取りやすくする（再生チャンネル）

「再生チャンネル」は左右どちらかの音だけを聴きたい時に使えるツールです。

「Stereo」
通常の音で再生します。このツールを使わない時はここを点灯しておきます。
「Lch Only」
左側のチャンネルの音だけが聴こえます。
「Rch Only」
右側のチャンネルの音だけが聴こえます。

▌使用例

左側や右側などで鳴っている楽器のフレーズを耳コピしたい時に「Lch Only」や「Rch Only」のボタンを点灯させてみましょう。

▌再生帯域を使って音を聴き取りやすくする（再生帯域）

「再生帯域」は帯域を絞って再生できるツールです。

センターキャンセルのツールでの帯域はセンターキャンセルしたものから帯域を絞っていました。こちらの再生帯域のツールでは、センターキャンセルなどをしていない、元の楽曲の音から帯域を絞って再生します。指定した帯域の音だけを聞いたり、逆に指定した帯域の音を消してそれ以外を聞いたりすることができます。

ポップスなどの歌がある楽曲では、ボーカル以外の帯域を絞って再生することでメロディなどが聴き取りやすくなります。

プルダウンメニューから楽器を選択することで、その楽器の帯域の音だけが聴こえるようになります。下限周波数（Hz）や上限周波数（Hz）、バンドは選択した楽器に合わせて自動で設定されます。そこから微調整したい場合はスライダーをドラッグすることで調整できます。

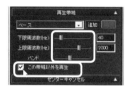

「下限周波数（Hz）」と「上限周波数（Hz）」
選択する帯域の下限と上限の幅を決めます。
「バンド」
その幅の間隔を保ったまま下限周波数（Hz）と上限周波数（Hz）のスライダーを同時に動かします。
「この帯域以外を再生」
チェックを入れることで、選択した帯域以外の音が再生されます。

■使用例

歌声の帯域は歌う人によって個人差が出てきます。プルダウンメニューから声を選んで聴き取りづらい時にはバンドを少し左右に動かして調整してみることで聴こえやすくなることがあります。

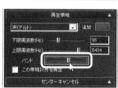

Hint
自分で周波数やバンドなどを調整したものは保存することもできます。
「追加」ボタンをクリックすることで現在調整されている設定がドロップダウンリストの中に保存されます。また一度保存したものを削除したい時には、ドロップダウンリストで読み出した状態で「削除」ボタンをクリックすると削除されます。

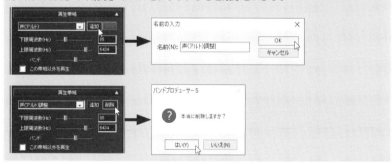

┃イコライザーで再生帯域をさらに細かく設定する（グラフィックイコライザー）

「グラフィックイコライザー」は表示されている周波数ごとで音量を調整できるツールです。周波数ごとにスライダーが付いていてそれを動かすことでその周波数の音量を調整することができます。

5章　フレーズや和音の音を耳コピするコピー支援画面の使い方　　83

プルダウンメニューにはプリセットが用意されていますのでイコライザーを初めて使われる方はまずはそちらから使ってお試しいただくといいかもしれません。

プルダウンメニューのプリセット

「デフォルト」

　イコライザーがかかっていない初期の状態です。このツールを使わない時はこれを選択しておきます。

「低域」

　低域が強調されます（ベースやバスドラムなど）。

「中域」

　中域が強調されます（ギター、ピアノ、ボーカルなど）。

「高域」

　高域が強調されます（ハイハット、金属系のベルの音など）。

　縦のスライダーの下に書かれている数字は周波数を表しています。

「Q」

　各周波数の帯域幅を調整します。

「出力」

　出力する音量を調整します。

■使用例

　ボーカルの帯域は1KHz周辺になります。その周辺の周波数以外のスライダーを下げることでボーカルが聴き取りやすくなります。プルダウンメニューから中域を選択して微調整してみましょう。

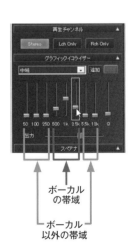

84

再生帯域が視覚的に確認できる（スペアナ）

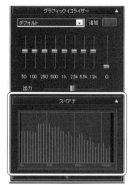

「スペアナ」（スペクトラムアナライザーの略）は、グラフィックイコライザーで調整した音を視覚的に見ることができるツールです。グラフィックイコライザーによって帯域制限された音が周波数帯域ごとのパワーレベルで表示されます。

楽曲を再生させるとリアルタイムでパワーレベルが表示されます。

使用例

グラフィックイコライザーとセットで使ってみましょう。グラフィックイコライザーで調整した音がどのようになっているのかスペアナで確認しながら作業することで作業効率があがります。

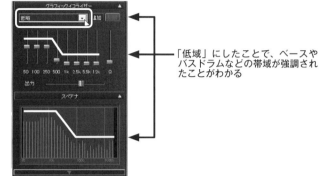

「低域」にしたことで、ベースやバスドラムなどの帯域が強調されたことがわかる

一拍や一音単位でもくり返し聴くことができる（耳コピループ）

「耳コピループ」は指定した範囲をくり返し聴くことができるツールです。本章項目4でも紹介したように、このツールでは「フレーズ」「ノート」ボタンを点灯させることでグリッドの細かさを設定できるようになっています。

「S」と「E」の右側に用意されている「＜」「＞」ボタンはクリックすることで「S」と「E」の位置をグリッドに合わせて移動させることができます。

またこのツールではオーディオインターフェースやMIDIインターフェースからの入力をメモトラックにメモすることもできます。

「Wave」ボタン点灯でオーディオ入力、「Midi」ボタン点灯でMIDI入力になります。

「スルー」にチェックを入れておくとWave入力している音がモニターできます。

5章　フレーズや和音の音を耳コピするコピー支援画面の使い方

「Set」ボタンをクリックすると「耳コピ入力の設定」ダイアログが表示されます。Wave入力の音域やしきい値の設定、入力レベルの確認が行えます。

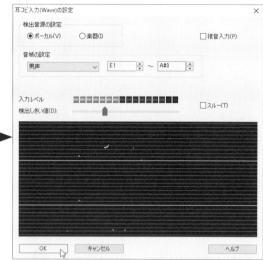

「開始」ボタンで「S」「E」間をくり返し再生、「停止」ボタンで再生しているものを停止できます。

「メモ」ボタンをクリックすると、オーディオやMIDIの入力がスタートします。

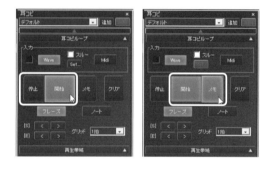

「クリア」ボタンをクリックすると「S」「E」間のメモが消去されます。

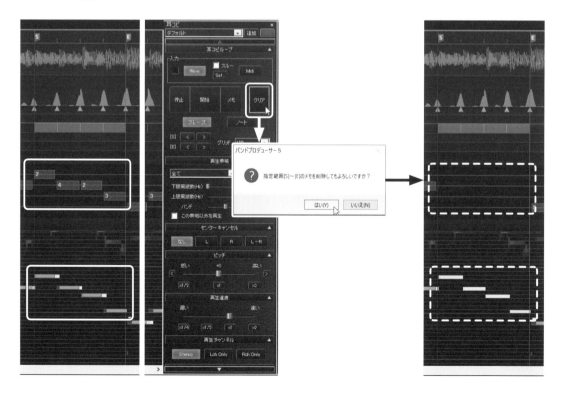

86

▍使用例

歌声などは拍などから少しはみ出して歌っていることがあります。そんな時はループ範囲を少し幅広く取ったり、グリッドの「なし」を使うことで自分の聴きやすい間隔にループ範囲を設定することができます。

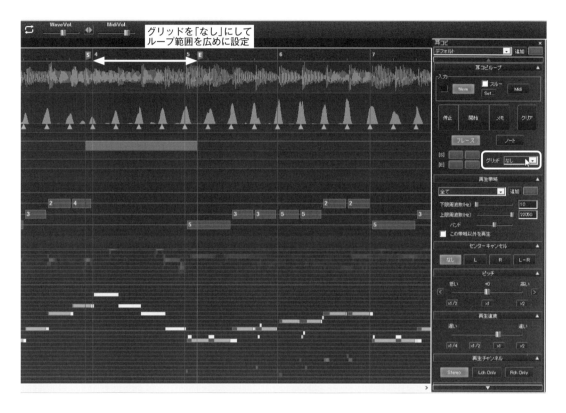

6章 リードシートエディタの使い方

1 リードシートエディタの画面構成

　リードシートエディタとは、メロディと歌詞、コードネームやコードダイアグラムなどが付いた、リードシートと呼ばれる1パートの譜面を作ることができる機能です。耳コピモードで耳コピしたものや、作成モードで作った曲などをリードシートエディタで譜面にして印刷することができます。

　またリードシートエディタで作ったものは、楽譜作成ソフト スコアメーカーのSDX形式や他のMIDI編集ソフトで扱えるSMF形式にも出力することができます。

リードシートエディタの画面構成

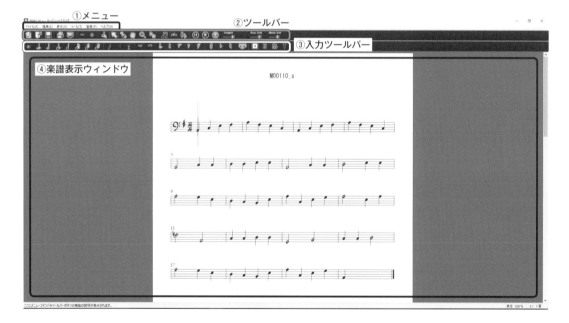

①**メニューバー**

　リードシートエディタで操作できるメニューが表示されています。

②**ツールバー**

　よく使用する操作がボタンで用意されています。

③**入力ツールバー**

　音符などの入力用ボタンが表示されています。

④**楽譜表示ウィンドウ**

　編集するためのリードシート（楽譜）が表示されています。

■ツールバーボタンの機能

①	新規作成	新しいリードシートを作成します。
②	開く	以前保存したリードシートファイルを開きます。
③	上書き保存	現在開いているリードシートを上書き保存します。
④	印刷	リードシートを印刷する時に使用します。
⑤	印刷プレビュー	印刷のプレビュー画面を表示します。
⑥	縮小／拡大	楽譜の表示サイズを縮小、拡大します。
⑦	音符・音楽記号入力ツール	音符などをマウスで入力できるようにします。
⑧	選択カーソル	音楽記号や小節などをマウスで選択できるようにします。
⑨	消しゴムカーソル	音符などを消去できるようにします。
⑩	手のひらカーソル	楽譜の表示箇所をマウスでつかんで移動できるようにします。
⑪	虫めがねカーソル	楽譜の表示サイズをマウスで変更できるようにします。
⑫	プレーヤーカーソル	任意の位置から再生、停止させるときに使用します。
⑬	連桁の設定	選択した音符を連桁でつなげたり、外したりできます。
⑭	連符の設定	選択した音符を連符にしたり、外したりできます。
⑮	移調	楽譜を移調させる時に使用します。
⑯	巻き戻し	楽譜の頭に演奏スタート位置を戻します。
⑰	停止	再生されている音楽を停止します。
⑱	開始／一時停止	演奏ポインタの位置から再生、または一時停止できます。
⑲	テンポ	テンポを調整します。
⑳	自動伴奏の音量	自動伴奏の音量を調整します。
㉑	楽譜の音量	楽譜の再生音量を調整します。

6章　リードシートエディタの使い方

■入力ツールバー

入力ツールバーに表示されているものを記号と呼びます。

①	音符	選択した種類の音符が入力できます。
②	符頭	選択した符頭の音符が入力できます。
③	休符	選択した種類の休符が入力できます。
④	臨時記号	選択した種類の臨時記号が入力できます。
⑤	タイ	タイの入力ができます。
⑥	リハーサルマーク	リハーサルマークが入力できます。
⑦	コードネーム	コードネームが入力できます。
⑧	歌詞	歌詞が入力できます。
⑨	自由テキスト	任意のテキストが入力できます。

2 リードシートエディタに出力する

　耳コピモードや作成モードで作ったものはリードシートエディタに出力することができます。ここでは例としてベースパートを耳コピしたものをリードシートとして出力する手順を説明します。

手順

1. メニューバーの「ファイル」から「リードシート出力」を選択すると「リードシート出力の設定」ダイアログが開きます。

Hint
ツールバーの「リードシート出力」ボタンをクリックしても出力することができます。

2. タイトルを入力します。すでに表示されているタイトルを変更したり、新しいタイトルを入力することができます。ここで入力したタイトルは後からも変更できます。

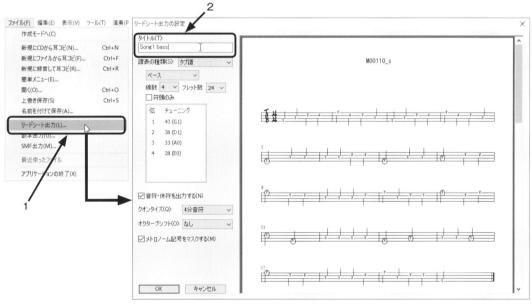

3. 譜表の種類のプルダウンメニューから譜表の種類を選択します。タブ譜を選択した時はギター、ベース、ウクレレなどの楽器の種類や線数、フレット数なども選択することができます。今回はタブ譜でベースを選択してみます。

6章　リードシートエディタの使い方

4. 「音符・休符を出力する」のチェックボックスにチェックを入れます。
5. クオンタイズでは表示させる音符の最小単位を選択します。選択した音符に合わせて右側にプレビューが表示されますのでプレビューを確認しながらクオンタイズの音符を決めましょう。今回は 4 分音符を選択します。
6. オクターブシフトでは表示する音符を 1 オクターブ上げたり、下げたりして表示させることができます。今回は「なし」を選択します。
7. メトロノーム記号(テンポ)を表示させるか設定します。「メトロノーム記号をマスク」するのチェックボックスにチェックを入れるとメトロノーム記号が非表示になります。今回はチェックを外します。

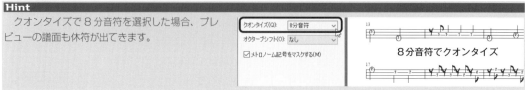

8. 「OK」ボタンをクリックするとリードシートに出力されます。

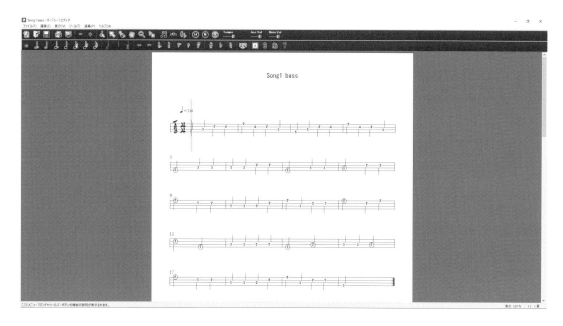

■リードシートエディタのみ起動させる

耳コピモードや作成モードで作ったものをリードシートエディタに出力するのではなく、リードシートエディタのみ起動させることもできます。

手順

1. メニューバーの「ツール」→「リードシートエディタの起動」を選択します。
2. リードシートエディタが起動する時に「新規作成」ダイアログが表示されます。タイトル、テンポ、調号、拍子、楽譜の種類、再生時の音色を設定して「OK」ボタンをクリックすると設定した情報でリードシートエディタが表示されます。

6章　リードシートエディタの使い方　　95

3 記号の修正

　リードシートエディタに表示されている記号（音符や休符、コードネームなど）は編集することができます。音符や休符はマウスでドラッグすることで位置が修正できます。またコードネームはダブルクリックすることでキーボードから直接入力して変更できます。ここではそれぞれの修正の手順を説明します。

音符や休符の修正

手順

1. ツールバーの「選択カーソル」ボタンをクリックしてマウスカーソルを選択カーソルにします。

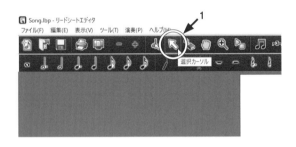

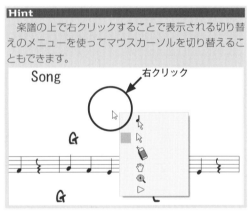

2. 修正したい音符や休符をドラッグします。ドラッグで上下左右に移動できます。
   ここでは例として、音符をドラッグして上に移動しています。

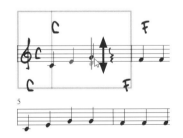

左右への移動は移動させたい場所にある音符や休符よりも右や左側にドラッグすることで、その音符や休符と位置が入れ替わります。ここでは例として休符をまたいでドラッグしています。

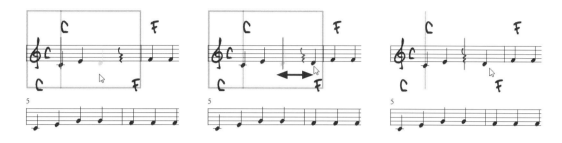

> **Hint**
> 音符や休符は出力した時に自動でレイアウトされるので上下左右で移動に制限のあるものもあります。

コードネームの修正

手順

1. ツールバーの「選択カーソル」ボタンをクリックしてマウスカーソルを選択カーソルにします。

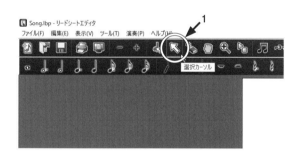

2. コードネームをダブルクリックしてキーボードで直接入力します。入力後に「**Enter**」キーを押すと入力したコードネームが反映されます。

6章　リードシートエディタの使い方　　97

4 記号の追加と削除

　リードシートエディタでは表示されている記号（音符や休符、コードネームなど）を削除したり、新たに追加したりできます。ここでは記号を追加する方法と、削除する方法をそれぞれ紹介します。

記号を削除する

手順

1. ツールバーの「消しゴムカーソル」ボタンをクリックしてマウスカーソルを消しゴムカーソルにします。
2. 記号の上にマウスカーソルを持っていくと記号が黄色くなります。クリックすると削除できます。

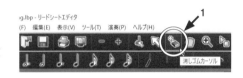

Hint　〈まとめて消すには？〉

　選択カーソルの時にドラッグして範囲を選択すると選択された記号が緑色になります。キーボードの「Delete」キーを押すと選択された記号をまとめて削除できます。

コードを消す

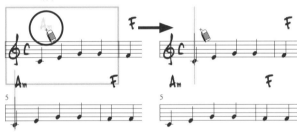

音符を消す

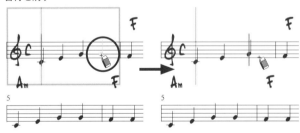

記号の追加

■音符や休符の入力

手順

1. ツールバーの「入力カーソル」ボタンをクリックします。

2. 入力ツールバーから入力したい記号を選択します。

3. 入力したい位置でクリックすると入力されます。

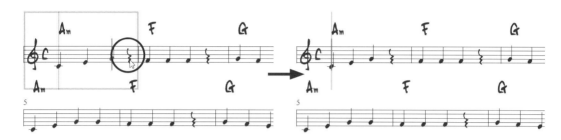

▎臨時記号の入力

入力ツールバーから臨時記号を選択して音符の上にマウスカーソルを持っていくとピンク色になります。クリックすると臨時記号が入力されます。

▎タイの入力

入力ツールバーからタイを選択して音符の上にマウスカーソルを持っていくとピンク色になります。タイでつなげたい音符を続けてクリックするとタイが入力されます。

Hint 〈まとめて消すには？〉
臨時記号やタイは音符が入力されていないと入力できないので、音符を入力した後に貼り付けましょう。

■コードネームの入力

入力ツールバーの「コードネームカーソル」をクリックして選択します。入力したい小節の上をクリックしてパソコンのキーボードを使ってコードネームを直接入力します。

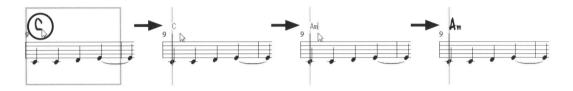

■リハーサルマークの入力

リハーサルマーク（練習番号ともいいます）とは、ある楽曲の一部分を特定するための、アルファベットや数字などの文字記号（A B C など）のことです。主に練習（リハーサル）で用いられるので、リハーサルマークと呼ばれます。

入力ツールバーの「リハーサルマークカーソル」をクリックして選択します。入力したい小節の上をクリックしてパソコンのキーボードを使ってリハーサルマークを直接入力します。

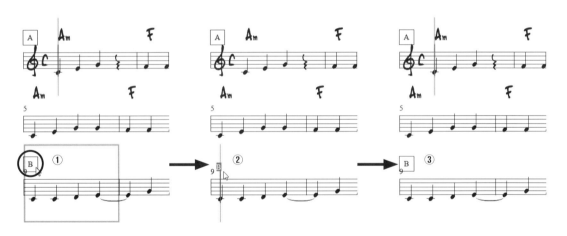

「リハーサルマークカーソル」が選択されている状態でマウスカーソルを譜面の上に持ってくるとリハーサルマークが表示されます（①）。表示されるリハーサルマークは一度入力したリハーサルマークの次の英語（マーク）が自動的に表示されます。その状態でクリックするとリハーサルマークをキーボードを使って入力できる状態（②）になります。自動で表示されたリハーサルマークでないマークを入力したい時にはパソコンのキーボードで入力します。入力後「**Enter**」キーを押すとリハーサルマークが譜面に入力された状態（③）になります。

5 歌詞を入力する

　リードシートエディタでは歌詞を入力することもできます。歌詞は一つの音符に一文字ずつ入力されます。

手順

1. ツールバーの「入力カーソル」ボタンをクリックします。
2. 入力ツールバーから「歌詞入力カーソル」をクリックすると、マウスカーソルが歌詞入力カーソル（鉛筆のマーク）になります。

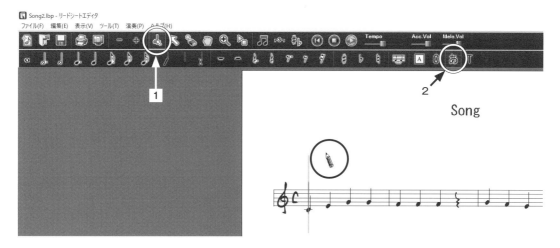

3. 音符をクリックすると音符の下部分の歌詞を入力する場所が点滅します。

4. パソコンのキーボードを使って文字（歌詞）を入力します。

6章　リードシートエディタの使い方　　101

5.「**Enter**」を押すと入力した歌詞が反映されます。また歌詞を入れるレーンが青く表示されます。

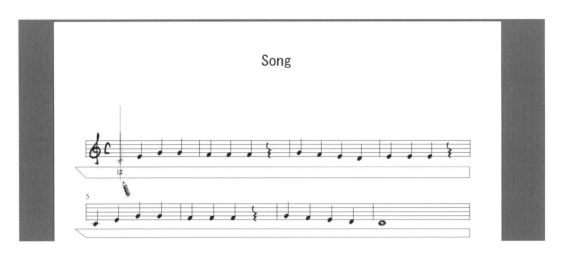

6. 歌詞を入力するレーンの次の音符の場所をクリックして続けて歌詞が入力できます。

Hint
文字を入力した後にキーボードの「**Tab**」キーを押すことでも次の音符に移動します。

Hint
1番の歌詞の下をクリックすることで2番の歌詞も入力できます。同じ要領で3番、4番と歌詞を入力できます。

102

6 コードダイアグラムを表示する

楽器の演奏でコードの押さえ方などの確認に便利なコードダイアグラムも表示することができます。コードのダイアグラムはギター、ウクレレ、キーボードから選択できます。

手順

1. メニューバーの「ファイル」から「リードシートの設定」を選択すると、「リードシートの設定」ダイアログが表示されます。
2. 「ダイアグラム」をクリックします。
3. 「ダイアグラムの表示」のチェックボックスをクリックしてチェックマークを入れます。
4. ダイアグラムの設定の種類欄から楽器（ギター、ウクレレ、キーボード）のいずれかを選択します。
5. 「OK」ボタンをクリックするとダイアログが閉じて、コードダイアグラムが譜面の上の部分に表示されます。

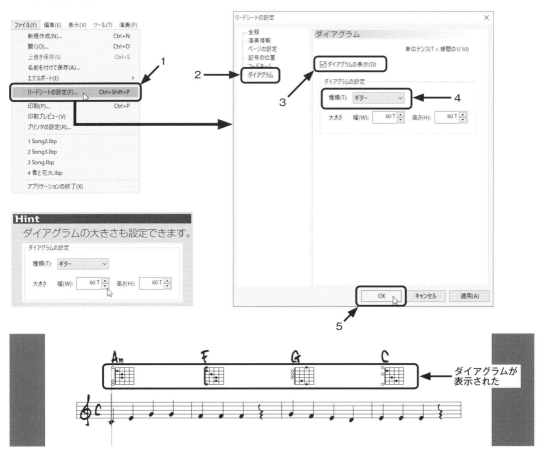

Hint
ダイアグラムの大きさも設定できます。

ダイアグラムが表示された

6章　リードシートエディタの使い方

7 レイアウトを整える

　コードやコードダイアグラム、歌詞などを表示すると譜面と重なって表示されてしまう場合があります。そんな時はページのレイアウトから調整することができます。

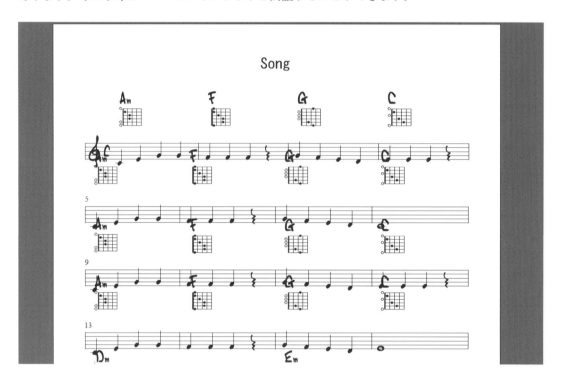

ページに表示する段数を調整する

　ページの段数を減らし段と段の間を広げることで重なりをなくします。

手順

1. メニューバーの「ファイル」から「リードシートの設定」を選択すると、「リードシートの設定」ダイアログが表示されます。
2. 「ページの設定」をクリックします。
3. 「最大段落数を指定する」のチェックボックスにチェックを入れます。
4. 段数を指定します。現在表示されている段数よりも少なくします。段数は数字を直接入力するか、▲▼をクリックして数字を設定します。
5. 「OK」ボタンをクリックするとダイアログが閉じて段数が変更されます。

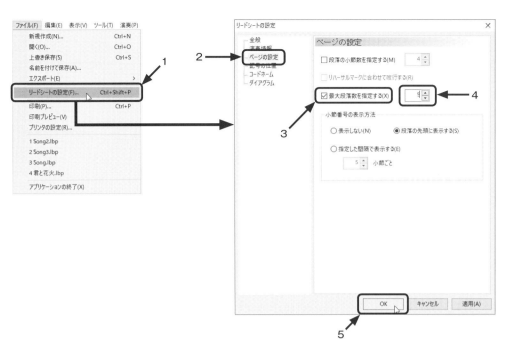

各段をドラッグで移動して調整する

直接マウスで段をドラッグして調整することもできます。

手順

1. ツールバーの「選択カーソル」ボタンをクリックしてマウスカーソルを選択カーソルにします。
2. 調整したい段落の頭の小節をダブルクリックすると小節が赤く選択されます。
3. 赤く選択されている部分をマウスでドラッグして段を移動させます。

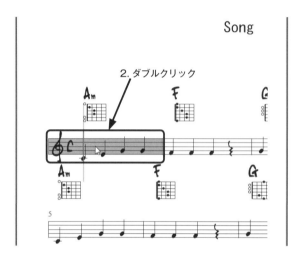

Hint
調整後はどこか他の場所をクリックすることで赤く選択されたものが解除されます。

8 リードシートの印刷とファイルの保存

作ったリードシートは印刷をすることができます。またリードシート用のファイルとして保存しておくこともできます。リードシート用のファイルとして保存しておくことで、いつでもそのファイルを編集したり、印刷したりすることができます。

リードシートの印刷

手順

1. メニューバーの「ファイル」から「印刷プレビュー」を選択してプレビュー画面を表示させます。
2. プレビュー画面で印刷される画面を確認したら、「印刷」ボタンをクリックします。
3. 「印刷」ダイアログが表示されるので、ご使用のプリンターを指定します。
4. 「OK」ボタンをクリックすると印刷がスタートします。

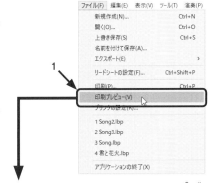

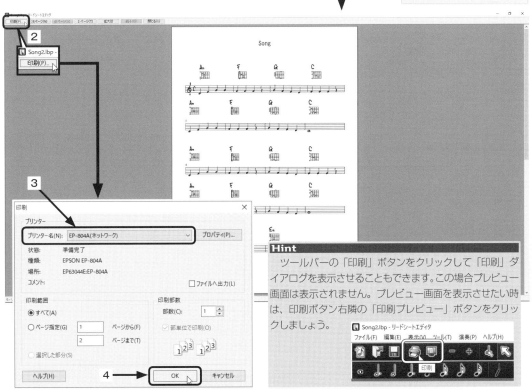

Hint

ツールバーの「印刷」ボタンをクリックして「印刷」ダイアログを表示させることもできます。この場合プレビュー画面は表示されません。プレビュー画面を表示させたい時は、印刷ボタン右隣の「印刷プレビュー」ボタンをクリックしましょう。

リードシートファイルの保存

手順

1. メニューバーの「ファイル」から「名前を付けて保存」を選択します。

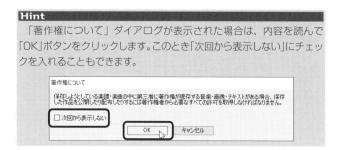

2. 「名前を付けて保存」ダイアログが表示されるので、「ファイル名」欄に保存するファイルの名前を入力します。ファイルの種類はリードシートファイル（*.lbp）で固定になっているのでそのままにします。

3. ファイルを保存する場所を選択します。

4. 「保存」ボタンをクリックするとファイルが保存されます。

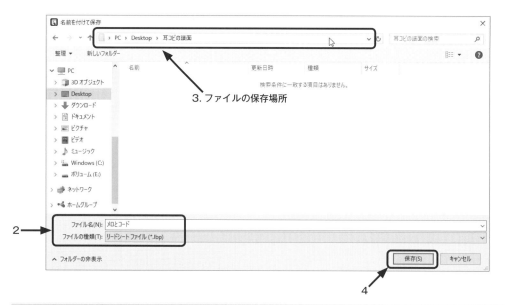

Hint

保存したリードシートファイルは、メニューバーの「ファイル」から「開く」を選択して開くことができます。

7章

歌本エディタの使い方

1 歌本エディタの画面構成

　うたぼんエディタを使うと簡単に歌本を作ることができます。歌本とは、五線や音符がなく、歌詞の上にコードネームが書かれているものです。主にコードを弾きながら歌ったりする時に使われるので、ギターやピアノの弾き語りなどをされている方は見たことがあるかもしれません。

歌本エディタの画面構成

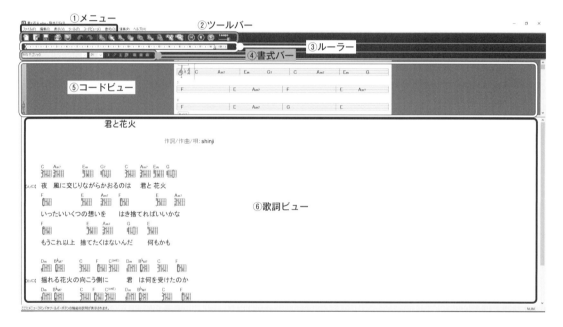

①メニューバー

　歌本エディタで操作できるメニューが表示されています。

②ツールバー

　コードネームや歌詞の入力などに使用するアイコンが表示されています。

③ルーラー

　歌詞ビューの歌詞などの空き（インデント）を調整します。

④書式バー

　歌詞ビューで表記する文字のフォントやサイズなどを変更します。

⑤コードビュー

　コードネームの入力、編集をする画面です。

⑥歌詞ビュー

　歌詞の入力と編集、コードネームとの関連付けをする画面です。

■ツールバーボタンの機能

①	新規作成	新しい歌本ファイルを開きます。
②	開く	既存の歌本ファイルを開きます。
③	上書き保存	作成中の歌本データを上書き保存します。
④	印刷	歌詞ビューに表示しているものを印刷します。
⑤	印刷プレビュー	印刷する前のプレビュー画面を表示します。
⑥	元に戻す	直前の操作を取り消します。
⑦	やり直す	直前に行った「元に戻す」の操作を取り消します。
⑧	コードネームの入力	コードビューにコードネームを入力できる状態にします。
⑨	コードネームを選択	コードビューのコードを選択できる状態にします。
⑩	コードネームを消す	コードビューのコードを削除できる状態にします。
⑪	手のひら	コードビューの楽譜をマウスでつかんで移動できる状態にします。
⑫	虫めがね	コードビューの楽譜の表示サイズの拡大、縮小を行います。
⑬	プレーヤー	コードビューの楽譜を再生、停止できます。
⑭	歌詞入力	歌詞ビューにテキストを入力できる状態にします。
⑮	コードネーム関連付け	コードビューの楽譜のコードと歌詞ビューのテキストの関連付けを行う状態にします。
⑯	コードネーム関連付け解除	コードビューの楽譜のコードと歌詞ビューのテキストの関連付けを解除できる状態にします。
⑰	巻き戻し	コードビューの演奏ポインタを楽譜の先頭に移動させます。
⑱	停止	コードビューの楽譜の演奏を停止します。
⑲	再生/一時停止	コードビューの楽譜の演奏を開始、または一時停止します。
⑳	テンポ	コードビューの楽譜の演奏のテンポを変更します。

■ルーラーの機能

①	先頭行インデント	歌詞ビューの歌詞の段落の1行目の左インデント（左端の位置）を変更できます。
②	左インデント	歌詞ビューの歌詞の段落の2行目以降の左インデントを変更できます。
③	ぶら下げインデント	歌詞ビューの歌詞の段落の1行目と2行目以降の間隔を保ったまま左インデントを変更できます。
④	タブ位置	ルーラー上をクリックして、歌詞ビューで**Tab**キーを押した時の停止位置が指定できます。タブ位置はルーラーの外にドラッグすることで削除できます。
⑤	ルーラー	左端からの位置がcmで表示されます。
⑥	右インデント	歌詞ビューの歌詞の右インデント（右端の位置）を変更できます。

■書式バーの機能

①	フォント	歌詞ビューで表記するフォントを選択します。
②	フォントサイズ	フォントのサイズを選択します。
③	太文字	太文字表記のオン/オフを切り替えます。
④	斜体	斜体表記のオン/オフを切り替えます。
⑤	下線	文字の下の下線のオン/オフを切り替えます。
⑥	色	歌詞ビューの歌詞の色を変更します。
⑦	文字の配置	歌詞を左寄せ、中央揃え、右寄せで指定できます。

2　歌本エディタへの出力

　耳コピモードで耳コピしたコードや、作成エディタで作成した楽曲のコードは歌本エディタに出力することができます。ここでは耳コピモードや作成モードから歌本エディタへの出力方法を紹介します。

手順

1. 耳コピモード、作成モードのどちらもメニューバーの「ファイル」→「歌本出力」を選択すると歌本にコードが出力されます。

Hint
ツールバーの「歌本出力」ボタンでも同じように出力されます。

7章　歌本エディタの使い方

歌本エディタのみの起動

耳コピモードや作成モードで作ったものを歌本エディタに出力するのではなく、歌本エディタのみを起動して歌本を作ることもできます。

手順

1. メニューバーの「ツール」→「歌本エディタの起動」を選択します。
2. 歌本エディタが起動する時に「新規作成」ダイアログが表示されます。テンポ、調号、拍子記号を設定して「OK」ボタンをクリックすると設定した情報をもとに歌本エディタが表示されます。

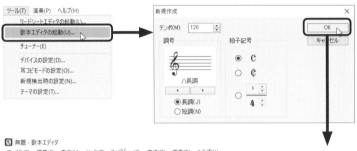

3 コードネームの入力と修正

　歌本エディタで使用するコードネームはコードビューに入力します。耳コピモードや作成エディタから歌本出力をした場合は出力されたコードがコードビューに表示されます。ここではコードビューでのコードネームの入力と修正の方法を紹介します。

コードネームの入力（マウスのドラッグによる入力）

手順

1. ツールバーの「コードネーム入力カーソル」をクリックして選択します。
2. コードビューの入力したい五線の上にマウスカーソルを移動させます。

3. ドラッグしながらマウスカーソルを上下左右に動かすことでコードのルートとタイプが選択できます。
   ・上下のドラッグでコードのルートが選択できます（C、C♯、D・・・）
   ・左右のドラッグでコードのタイプが選択できます（C、Cm、C7・・・）

7章　歌本エディタの使い方　　115

4. コードのルートとタイプが選択できたら、マウスから指を離してドラッグを終了させます。
5. パソコンの「**Enter**」キーを押すとコードビューに選択したコードネームが入力されます。

コードネームの入力（パソコンのキーボードからの入力）

手順

1. ツールバーの「コードネーム入力カーソル」をクリックして選択します。
2. コードビューの入力したい五線の上をクリックします。
3. パソコンのキーボードを使ってコードネームを入力します。
4. パソコンの「**Enter**」キーを押すと選択したコードビューにコードネームが入力されます。

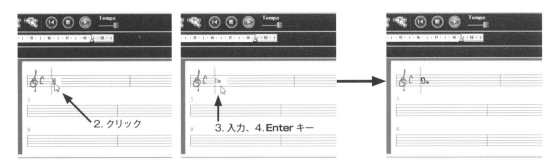

コードネームの削除

手順

1. ツールバーの「コードネーム削除カーソル」をクリックして選択します。

2. 削除したいコードネームをクリックすると削除されます。

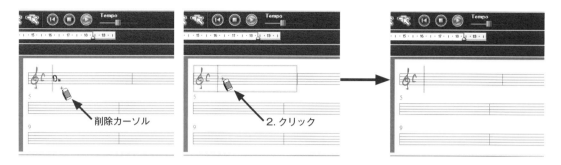

コードネームの修正

手順

1. ツールバーの「コードネーム選択カーソル」をクリックして選択します。

2. 変更したいコードネームをダブルクリックすると文字を入力できる状態になります。

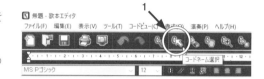

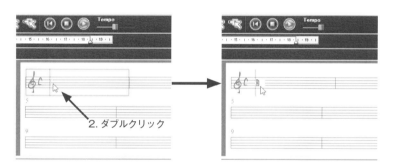

3. パソコンのキーボードを使ってコードネームを入力します。

4. パソコンの「**Enter**」キーを押すとコードネームが変更されます。

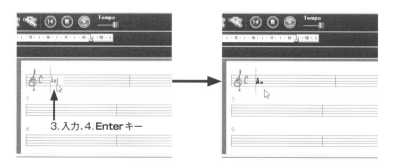

7章　歌本エディタの使い方　117

4 歌詞を入力する

　歌本エディタで使用する歌詞は歌詞ビューという画面にパソコンのキーボードを使って入力します。歌詞ビューに入力した歌詞をコードビューに書かれているコードネームと関連付けをすることで歌本ができあがります。ここでは歌詞の入力方法と歌詞とコードネームの関連付けの手順を紹介します。

歌詞の入力

手順

1. ツールバーの「歌詞入力カーソル」をクリックして選択すると、歌詞ビューに歌詞が入力できる状態になります。

2. パソコンのキーボードを使って歌詞を入力します。

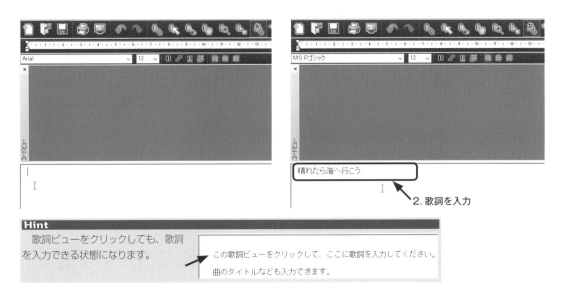

コードネームとの関連付け

手順

1. ツールバーの「コードビューのコードと歌詞ビューの歌詞を関連付けするカーソル」をクリックして選択します。

2. コードビューのコードをクリックします。

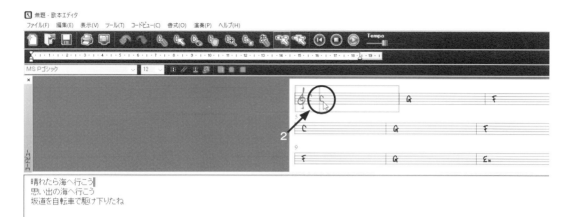

3. 歌詞ビューの関連付けしたい歌詞をクリックすると、歌詞の上に関連付けされたコードネームが表示されます。

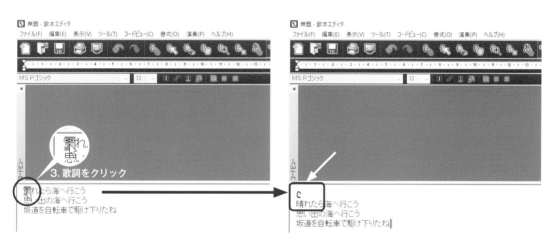

4. コードビューの次のコードが赤く選択されます。関連付けしたい歌詞をクリックすることで、歌詞の上に関連付けされたコードネームが表示されます。

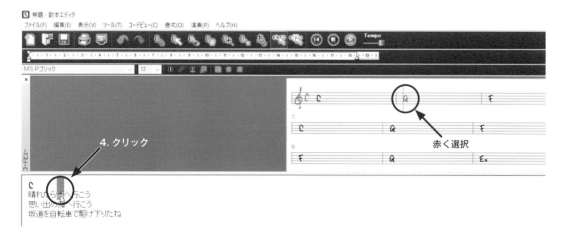

5. 同様に他の歌詞にコードネームを関連付けましょう。

▌関連付けの解除

関連付けを間違えてしまった時は「関連付け解除カーソル」をクリックして選択後、解除する歌詞をクリックすることで関連付けを解除できます。

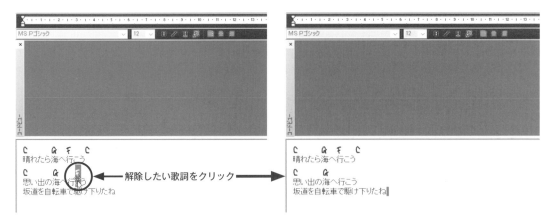

5 タイトルを入力する

　歌本エディタで楽曲のタイトルを入力しましょう。タイトルは歌詞のフォントやサイズなどを変えるなど工夫することでより見やすいものになります。ここではタイトルの入力方法を紹介します。

手順

1. 歌詞の先頭にタイトルになる文字を入力して、歌詞は改行して段を分けます。タイトルと歌詞の行の間を少し空ける（2～3段くらい）ように改行しましょう。

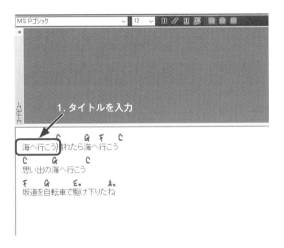
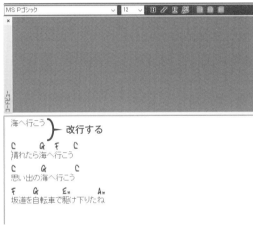

2. タイトルをドラッグして青く選択します。書式バーの「中央に配置」ボタンをクリックして画面中央に文字を移動させます。

Hint
「中央に配置」すると、ルーラーの幅の中央に合わせて配置されます。

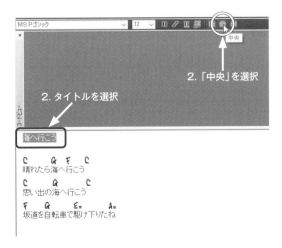
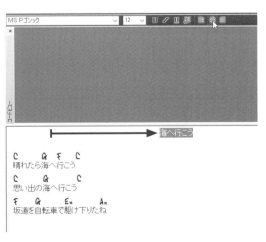

3. タイトル文字が青く選択されている状態で、書式バーからフォントやサイズなどを変更します。文字のサイズを歌詞よりも少し大きくしたり、フォントの種類を変えることでタイトルらしく目立つようになります。

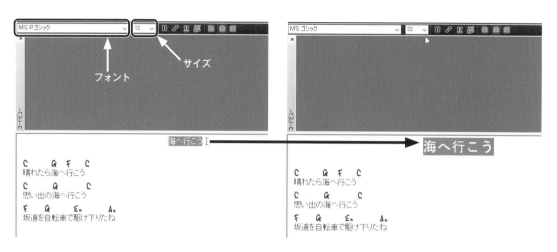

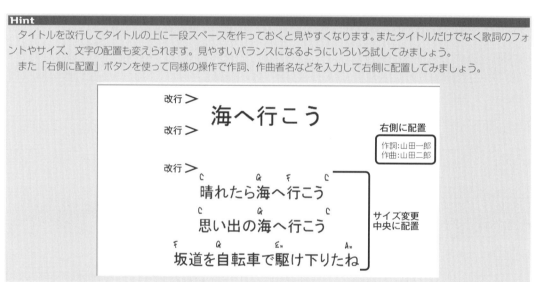

Hint

タイトルを改行してタイトルの上に一段スペースを作っておくと見やすくなります。またタイトルだけでなく歌詞のフォントやサイズ、文字の配置も変えられます。見やすいバランスになるようにいろいろ試してみましょう。
また「右側に配置」ボタンを使って同様の操作で作詞、作曲者名などを入力して右側に配置してみましょう。

6 コードダイアグラムを表示させる

歌本エディタではコードダイアグラムを表示させることもできます。コードダイアグラムはギター、ウクレレ、キーボードから選択できます。今回は例としてギターのダイアグラムを表示させる手順をご紹介します。

手順

1. メニューバーの「ファイル」→「歌本の設定」を選択すると「歌本の設定」ダイアログが表示されます。
2. ダイアグラムをクリックします。
3. ダイアグラム欄の「ダイアグラムの表示」のチェックボックスにチェックを入れます。
4. ダイアグラムの設定欄の種類からギターを選択します。
5. 「OK」ボタンをクリックすると歌詞ビューにコードダイアグラムが表示されます。

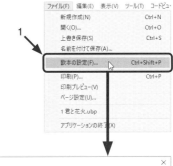

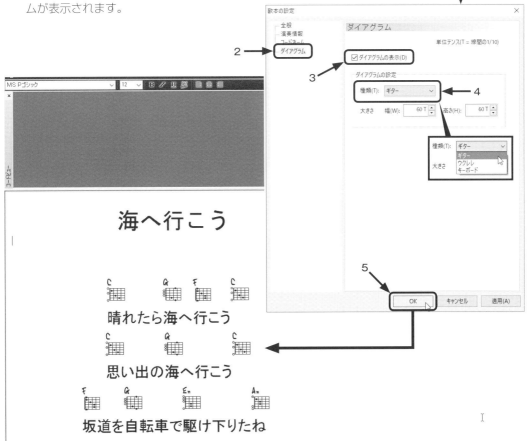

7章　歌本エディタの使い方　123

7 レイアウトを整える

　インデントやタブを使って歌詞のレイアウトを調整することができます。インデントとは指定した行の頭の文字の開始位置を変更できる機能です。インデントはルーラーから操作することができます。タブは行の途中にある文字の位置を揃えたい時に使用します。

ルーラーのインデントを使って行の頭の文字を揃える

手順

1. ツールバーの「歌詞入力」をクリックして選択します。
2. 行の頭の文字をドラッグして青く選択します。
3. ルーラーの「先頭行インデント」をドラッグして開始位置を決めます。

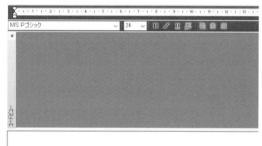

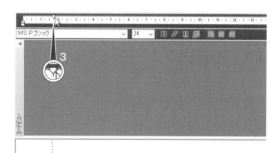

4. 同様の手順で他の行の頭文字の位置を揃えてみましょう。

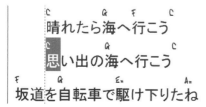

タブを使って行の途中の文字を揃える

手順

1. ツールバーの「歌詞入力」をクリックして選択します。
2. 行の途中にある、スペースを空けたい文字の前でクリックしてからパソコンのキーボードの「**Tab**」キーを押してスペースを空けます。「**Tab**」キーを押した回数だけスペースが空きます。

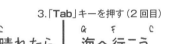

3. 他の行でも、揃えたい文字の前でパソコンのキーボードの「**Tab**」を押してスペースを空けます。前の行の文字の位置と揃わない時は「**Tab**」を何回か押すことで揃えることができます。

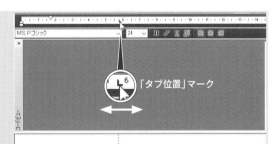

Hint 〈タブ位置〉

ルーラーをクリックすると「タブ位置」というマークがルーラーに付きます。

このマークは歌詞ビューで「**Tab**」キーを押した時の停止位置を指定するマークになります。「**Tab**」キーを押した時のスペースの広さを細かく調整したい時にはこの「タブ位置」を使うと便利です。

タブ位置はルーラーの外にドラッグすることで削除できます。

7章　歌本エディタの使い方　125

8 歌本の印刷とファイルの保存

　歌本エディタで作った歌本は印刷することができます。また歌本用のファイルとして保存しておくこともできます。歌本用のファイルとして保存しておくことで、いつでもそのファイルを編集したり、印刷したりすることができます。

歌本の印刷

手順

1. メニューバーの「ファイル」から「印刷プレビュー」を選択してプレビュー画面を表示させます。
2. プレビュー画面で印刷される画面を確認したら、「印刷」ボタンをクリックします。

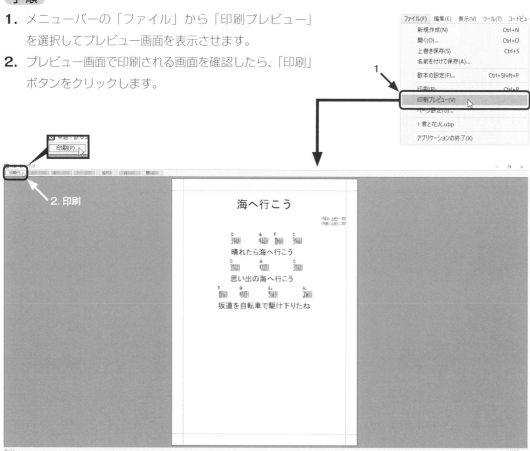

3. 「印刷」ダイアログが表示されるので、ご使用のプリンターを指定します。
4. 「OK」ボタンをクリックすると印刷がスタートします。

3. プリンターの選択

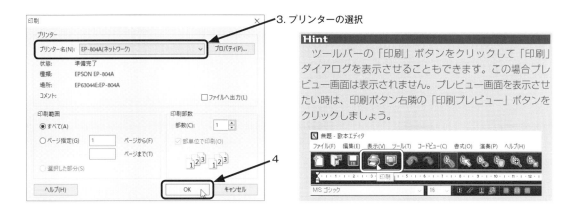

Hint
ツールバーの「印刷」ボタンをクリックして「印刷」ダイアログを表示させることもできます。この場合プレビュー画面は表示されません。プレビュー画面を表示させたい時は、印刷ボタン右隣の「印刷プレビュー」ボタンをクリックしましょう。

歌本ファイルの保存

手順

1. メニューバーの「ファイル」から「名前を付けて保存」を選択します。

Hint
「著作権について」ダイアログが表示された場合は、内容を読んで「OK」ボタンをクリックします。このとき「次回から表示しない」にチェックを入れることもできます。

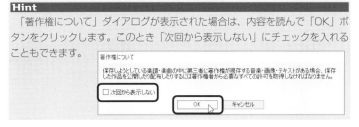

2. 「名前を付けて保存」ダイアログが表示されるので、「ファイル名」欄に保存するファイルの名前を入力します。ファイルの種類は歌本ファイル（*.ubp）で固定になっているのでそのままにします。

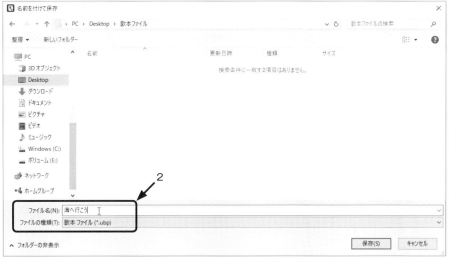

7章　歌本エディタの使い方　127

3. ファイルを保存する場所を選択します。

4. 「保存」ボタンをクリックするとファイルが保存されます。

Hint
保存した歌本ファイルは、メニューバーの「ファイル」から「開く」を選択して開くことができます。

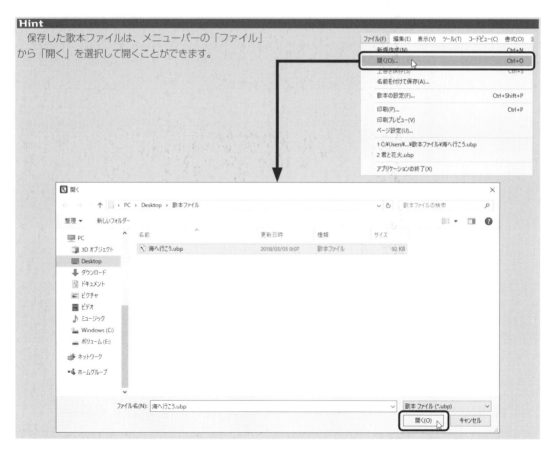

8章

作成モードの使い方

作成モードの画面構成

　バンドプロデューサー5には耳コピをする耳コピモードの他に、楽曲を作ることができる作成モードが用意されています。作成モードではオブジェクトと呼ばれる、拍子やテンポ、Key、リズムパターン、MIDIデータ、オーディオデータなどを貼り付けながら楽曲を作っていきます。ここでは作成モード画面の主な機能を紹介します。

　まずはバンドプロデューサー5の画面が作成モードで表示されているか確認しましょう。タイトルバーに（作成モード）と表示されていれば作成モードになっています。表示されていない場合は「作成モードへ」ボタンをクリックして作成モードに切り替えます。

作成モードの画面構成

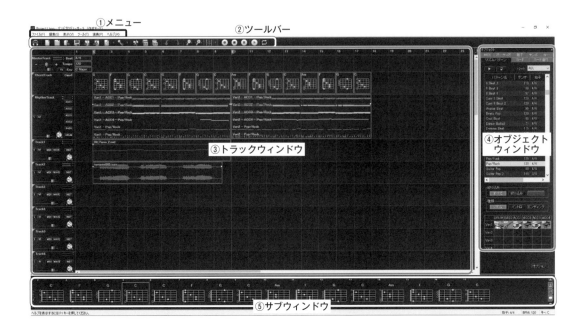

①**メニューバー**

作成モード画面で操作できるメニューが表示されています。

②**ツールバー**

よく使用する操作がボタンで用意されています。

③**トラックウィンドウ**

オブジェクトを貼り付けたり、録音したりして楽曲を作成するウィンドウになります

④**オブジェクトウィンドウ**

トラックに貼り付けるオブジェクトが選択できます。

⑤**サブウィンドウ**

コード表示、コード入力パネル、鍵盤、フレットボード、全体表示などを切り替えながら表示させることができます。

■ツールバーの各機能

①	耳コピモードへ	耳コピモードに切り替えます。
②	新規ファイル	新しいプロジェクトを作成します。
③	簡単メニュー	簡単メニューを表示します。
④	開く	以前保存したプロジェクトを開きます。
⑤	上書き保存	作業中のプロジェクトを上書き保存します。
⑥	リードシート出力	検出したコードや入力したメモ（音符）をリードシートエディタに出力します。
⑦	歌本出力	検出したコードを歌本エディタに出力します。
⑧	BGM作成	BGM作成ダイアログを開きます。
⑨	鼻歌入力	鼻歌入力を開始します。
⑩	切り取り	選択したオブジェクトを切り取ります。
⑪	コピー	選択したオブジェクトをコピーします。
⑫	貼り付け	コピーしたオブジェクトを貼り付けます。
⑬	元に戻す	直前の操作を取り消します。
⑭	やり直す	直前に行った「元に戻す」の操作を取り消します。

8章　作成モードの使い方

⑮	縮小／拡大	トラックの表示サイズを時間軸方向に縮小、拡大します。
⑯	グリッド	オブジェクトを編集する際のグリッドを選択します。
⑰	録音	録音を開始します。
⑱	停止	再生、録音を停止します。
⑲	一時停止	再生を一時停止します。
⑳	再生	演奏開始ポインタの位置から再生します。
㉑	くり返し	再生のくり返しのオンとオフを設定します。

▎トラックウィンドウの各機能

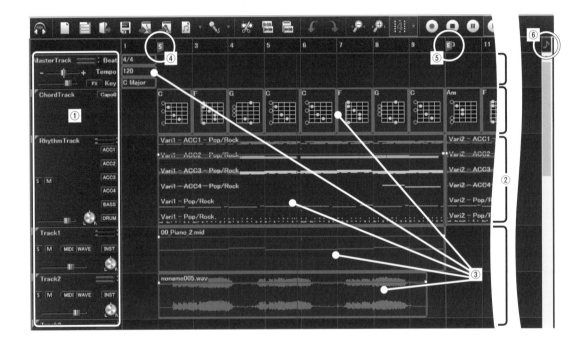

①	トラックコントロール	録音や音量、定位などの操作ができます。
②	トラック	オブジェクトが表示される場所です。
③	オブジェクト	ブロックで表示されている、リズムパターン、コード、コード進行、MIDIデータ、オーディオデータ、拍子、テンポ、Keyなどの各データです。
④	演奏開始ポインタ	演奏開始位置を指定します。
⑤	演奏終了ポインタ	演奏停止位置を指定します。
⑥	小節/時間表示の切り替え	トラックの横軸を小節番号表示と時間表示で切り替えます。

▍トラックの種類

「Master Track」

拍子、テンポ、Key などの情報が表示されるトラックです。マスタートラックでのコントロールは楽曲全体の設定になります。

①	レベルメーターとクリップランプ	楽曲全体の音量がレベルメーターで表示されます。音が大きすぎて許容範囲を超えてしまった時にクリップランプが点灯します。
②	相対テンポ	テンポを設定します。
③	マスターボリューム	楽曲全体のボリュームを設定します。
④	マスターエフェクト	楽曲全体にエフェクトをかけることができます。
⑤	Beat	拍子がオブジェクトで表示されています。拍子の編集がおこなえます。
⑥	Tempo	テンポがオブジェクトで表示されています。テンポの編集がおこなえます。
⑦	Key	楽曲のKeyがオブジェクトで表示されています。Keyの編集がおこなえます。

「Chord Track」

コードネームを表示するトラックです。楽曲のコード進行を編集する時に使用します。ギターやキーボード、ウクレレのダイアグラムで表示することができます。

①	高さの変更	クリックすることでトラックの高さ幅を変更できます。
②	カポタストの設定	カポタストの設定をすることができます。 ※カポタストはギターの指板に装着して弦をまとめて押さえることができる道具です。カポタストを使用することで演奏される音が移調されます。
③	コード	コードネームがオブジェクトで表示されています。コードネームの編集がおこなえます。

「Rhythm Track」

楽曲の演奏パターンであるリズムパターンを表示するトラックです。リズムパターンのオブジェクトを編集する時に使用します。「Chord Track」のコードオブジェクトのコードに合わせて演奏されます。

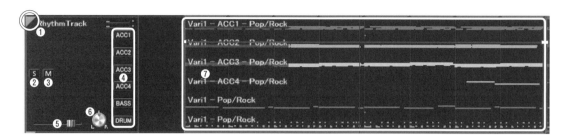

①	高さの変更	クリックすることでトラックの高さ幅を変更できます。
②	「S」ソロ	点灯でリズムトラックのみが再生します。
③	「M」ミュート	点灯でリズムトラック全体がミュート（消音）されます。
④	各パートのミュート	点灯しているパートがミュート（消音）されます。
⑤	ボリューム	リズムトラックの音量が調整できます。
⑥	パン	リズムトラックの定位が調整できます。
⑦	リズムパターン	リズムパターンのオブジェクトが表示されています。リズムパターンの編集ができます。

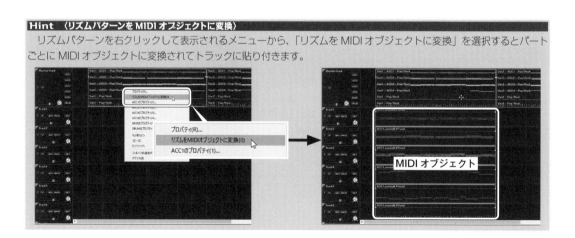

「Track（1〜32）」

MIDIデータやオーディオデータを表示します。MIDIやオーディオの録音や編集がおこなえます。

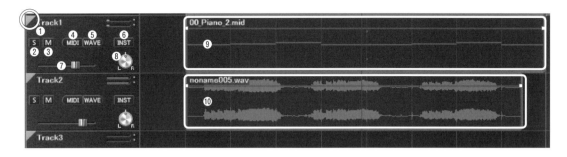

①	高さの変更	クリックすることでトラックの高さ幅を変更できます。
②	「S」ソロ	点灯でそのトラックのみ再生します。
③	「M」ミュート	点灯でそのトラックがミュート（消音）されます。
④	MIDI	点灯でMIDI録音の待機状態になります。
⑤	WAVE	点灯でオーディオ録音の待機状態になります。
⑥	INST	録音時の音色やエフェクトなどの設定ができます。
⑦	ボリューム	このトラックの音量が調整できます。
⑧	パン	このトラックの定位が調整できます。
⑨	MIDIデータ	MIDIデータのオブジェクトが表示されています。MIDIデータの編集ができます。
⑩	WAVEデータ	オーディオデータのオブジェクトが表示されています。オーディオデータの編集ができます。

Hint 〈トラック名の変更〉

トラックに表示されているトラック名（例：Track1）は名前を変更することができます。トラックの上で右クリックして表示されるメニューから「トラックのプロパティ」を選択します。表示される「トラックのプロパティ」ダイアログで名前を変更できます。

8章　作成モードの使い方　135

2 サンプル曲を試聴する

　作成モードではサンプルの楽曲が3つ用意されています。作成モードでどのような楽曲を作ることができるのか、まずはサンプル曲を試聴してみましょう。

■作成モードで用意されているサンプル曲

「A theme from band producer」・・・MIDIデータを貼り付けたサンプル
「Life Art」・・・MIDIデータとオーディオデータを貼り付けたサンプル
「Sound Imagination for bp」・・・MIDIデータとリズムパターンを貼り付けたサンプル

■サンプル曲の聴き方

手順

1. メニューバーの「ファイル」→「開く」を選択すると、「開く」ダイアログが表示されます。

Hint
ツールバーの開くボタンをクリックして「開く」ダイアログを表示させることもできます。

2. サンプル曲が3曲表示されます。聴きたい曲をクリックして選択し「開く」ボタンをクリックします。

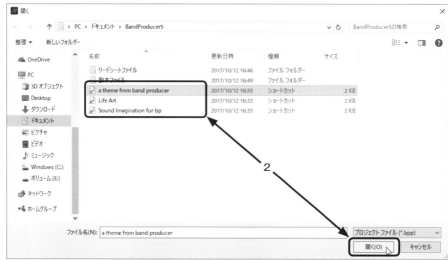

3. 作成モード画面にサンプル曲が読み込まれるので、ツールバーの「再生」ボタンをクリックして演奏を開始します。

再生している楽曲を停止させるにはツールバーの「停止」ボタンをクリックします。

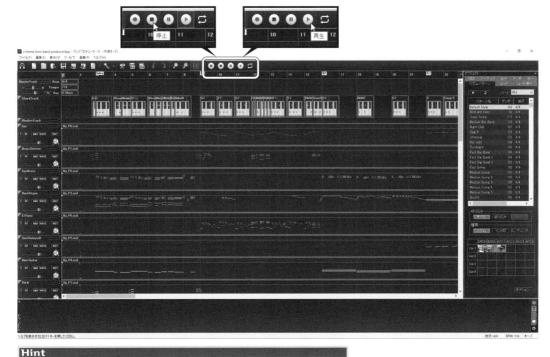

Hint
パソコンのキーボードが半角入力の状態であれば、「**Space**」キーで再生、再生中にもう一度「**Space**」キーを押すと停止することができます。

3 オブジェクトウィンドウとオブジェクトの種類

　作成モードで曲を作る時に使用されるのがオブジェクトです。オブジェクトにはリズムパターン、コード、MIDI、オーディオ、拍子、テンポ、Key があります。それらのオブジェクトはオブジェクトウィンドウと呼ばれる画面に用意されています。作成モードではこのオブジェクトウィンドウにあるオブジェクトをトラックウィンドウにドラッグ＆ドロップしていきながら曲を作っていきます。ここではそれぞれのオブジェクトの特徴を見ていきましょう。

■オブジェクトウィンドウ

　リズムパターン、コード、コード進行、MIDI、オーディオ、拍子、テンポ、Key などのオブジェクトが用意されている画面です。画面上段のタブをクリックしてオブジェクトウィンドウに表示させるオブジェクトを切り替えます。

■リズムパターンオブジェクト

　ドラム、ベース、その他4つのパートの伴奏パターンがまとめられたオブジェクトをリズムパターンオブジェクトといいます。オブジェクトウィンドウのリズムパターンタブに用意されているものを「Rhythm Track」に貼り付けて使います。「Rhythm Track」に貼り付いたリズムパターンオブジェクトは「Chord Track」のコードに合わせて演奏されます。

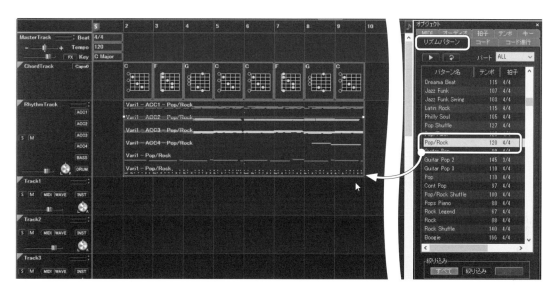

■コードオブジェクト

　コードオブジェクトはコードネームが書かれたオブジェクトになります。オブジェクトウィンドウからはコードを1つずつで選択できる「コード」とコード進行のセットで選択できる「コード進行」が用意されています。コードオブジェクトは「Chord Track」に貼り付けて使います。

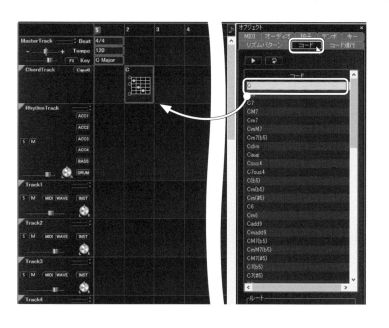

■MIDI オブジェクト、オーディオオブジェクト

MIDI データを MIDI オブジェクト、オーディオデータをオーディオオブジェクトといいます。これらのオブジェクトはオブジェクトウィンドウの MIDI タブ、オーディオタブから選択することができます。また既存の MIDI ファイルやオーディオファイルも MIDI オブジェクト、オーディオオブジェクトとして使用できます。MIDI オブジェクト、オーディオオブジェクトは「Track（1 〜 32）」に貼り付けて使います。

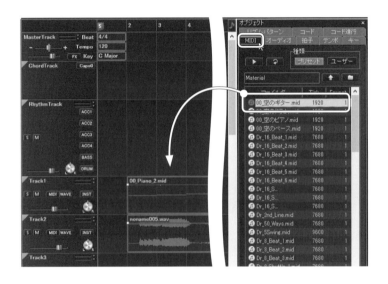

■拍子オブジェクト、テンポオブジェクト、キーオブジェクト

拍子の情報を拍子オブジェクト、テンポ情報をテンポオブジェクト、楽曲のキー（調）の情報をキーオブジェクトといいます。オブジェクトウィンドウの拍子、テンポ、キーに用意されている、これらのオブジェクトは「Master Track」に貼り付けて使用します。拍子やテンポ、キーなどは楽曲に必要な情報のため最初から曲の頭に配置されていますが後から変更することもできます。また曲の途中で変更したい場合などは変更したい場所にオブジェクトを貼り付けることで変更できます。

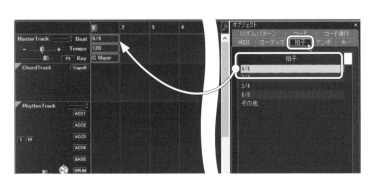

リズムパターンオブジェクトの貼り付け方

リズムパターンオブジェクトはオブジェクトウィンドウに用意されています。ここではオブジェクトウィンドウに用意されたリズムパターンを「Rhythm Track」に貼り付ける方法を紹介します。

リズムパターンの貼り付け方

手順

1. オブジェクトウィンドウの「リズムパターン」タブをクリックします。
2. パターン名をクリックして選択します。
3. 「種類」欄からパターンの種類（リズム、イントロ、エンディング）をクリックして点灯させます。ここでは例としてリズムを点灯させます。
4. 「種類」欄でリズムを選択した時はさらに4種類のバリエーションから選択できます。「Vari1」～「Vari4」の文字をクリックしてバリエーションを選択します。
5. 試聴ボタンをクリックして選択したパターンを試聴してみましょう。試聴はパターンが一回再生されて自動で停止します。

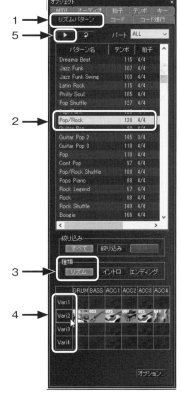

Hint
ループボタンをクリックして点灯させておくことで、試聴した時にパターンがくり返し再生されます。ループボタンが点灯している時は停止ボタンをクリックすることで停止できます。

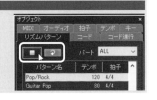

6. パターン名を「Rhythm Track」にドラッグ＆ドロップして貼り付けます。

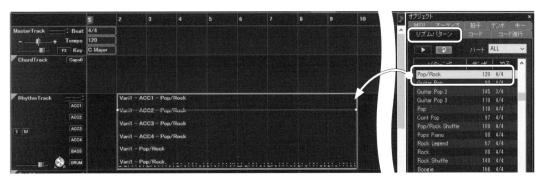

8章 作成モードの使い方

リズムパターンはRhythm Trackに貼り付けただけでは演奏させることができません。リズムパターンを演奏させるには「Chord Track」にコードが貼り付いている必要があります。コードの貼り付け方は本章項目5「コードオブジェクトの貼り付け方」（P.146）で紹介します。

> **Hint**
> 音楽ソフトなどでは1小節目にはデータを再生させるためのさまざまな情報が含まれているため、2小節目からデータを入力することがよくあります。バンドプロデューサー5では1小節目の頭からデータを貼り付けてもしっかりと音がでるので好きな場所に貼り付けることができます。

■「イントロ」と「エンディング」

　手順3で「種類」欄から「イントロ」または「エンディング」を選択した場合、バリエーションは1種類だけになりますが「キー」や「長さ」を選択することができます。

キー

　「イントロ」と「エンディング」は「Chord Track」のコードの影響を受けません。この「キー」欄で選択したキーでパターンが演奏されます。

 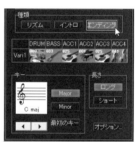

長さ

　長さは「ロング」と「ショート」が用意されていますが（パターンによってはショートがない場合もあります）、パターンによって小節数が異なります。パターンによる「ロング」と「ショート」の小節数はオブジェクト欄を広げることで確認できます。小節数1欄が「ロング」の小節数、小節数2欄が「ショート」の小節数です。

142

リズムパターンの一部のパートだけを貼り付ける

「種類」欄で「リズム」を選択した時は、パートのプルダウンメニューから貼り付けるパートを選択することができます。

■プルダウンメニュー

「ALL」

すべてを貼り付けます。バリエーションのアイコンをクリックして消灯させることでそのパートだけ貼り付けないようにすることもできます。

「ACC」

「ACC」の1パートを貼り付けます。「ACC」のバリエーションがいくつかある場合はアイコンをクリックして点灯させることで貼り付けるパートを選択します。

「BASS」
BASSを貼り付けます。

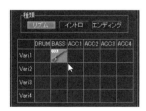

「DRUM」
DRUMを貼り付けます。

8章　作成モードの使い方　143

「種類」欄で「イントロ」や「エンディング」を選択した時は、パートのプルダウンメニューが使えません。

バリエーションに表示されている各楽器のアイコンをクリックして消灯することで、そのパートを貼り付けないようにすることができます。

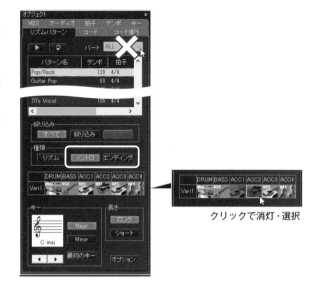

クリックで消灯・選択

パターンの絞り込み

オブジェクトウィンドウのパターンはジャンルなどで絞り込んで表示させることができます。

手順

1. 「絞り込み」ボタンをクリックして点灯させます。
2. 「条件」ボタンをクリックすると「リズム絞り込み選択の条件」ダイアログが表示されます。
3. 「リズム絞り込み選択の条件」ダイアログでは、「曲の雰囲気」「演奏者」「主に使用される楽器」「曲の速さ」で絞り込むことができます。青く選択されているものが現在絞り込まれているものです。まずは「クリア」ボタンをクリックしてすべての選択を解除します。

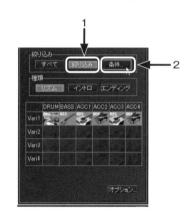

3.「クリア」

選択が解除される

144

4. 絞り込みたい条件をクリックして選択しましょう。選択された条件名が青色になります。選択と同時に絞り込んだ条件のパターンがオブジェクトウィンドウに表示されます。

5. 「OK」ボタンをクリックして「リズム絞り込み選択の条件」ダイアログを閉じます。

Hint
すべて選択されている状態に戻したい場合は「すべて選択」ボタンをクリックします。

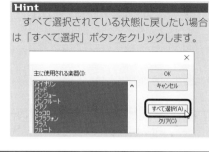

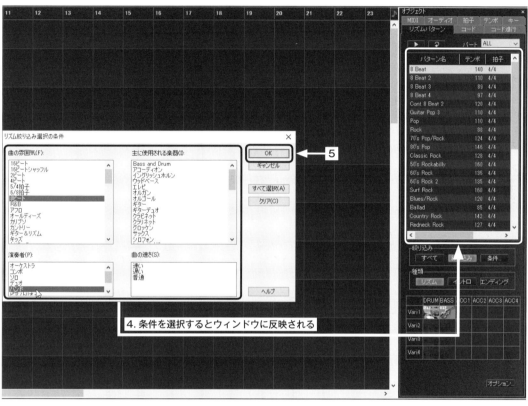

4. 条件を選択するとウィンドウに反映される

8章　作成モードの使い方　145

5 コードオブジェクトの貼り付け方

　コードオブジェクトはオブジェクトウィンドウの「コード」タブと「コード進行」タブに用意されています。「コード」タブではコードを 1 つずつ選択して貼り付けることができます。「コード進行」タブではコード進行を選択して貼り付けることでそのコード進行にそってコードオブジェクトが入力されます。ここではそれぞれの貼り付け方を紹介します。

コードを 1 つずつ選択して貼り付ける

手順

1. オブジェクトウィンドウの「コード」タブをクリックするとコードの一覧が表示されます。
2. 「ルート」欄から入力したいコードのルート（根音）をクリックして選択すると、そのルートを持つコードが表示されます。
3. 「コード」欄からコードをクリックして選択します。
4. 「Chord Track」にドラッグ＆ドロップして貼り付けます。

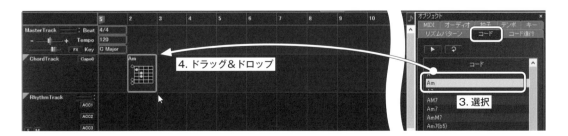

コード進行を貼り付ける

手順

1. オブジェクトウィンドウの「コード進行」タブをクリックするとコード進行の一覧が表示されます。
2. 「種類」欄から「プリセット」をクリックして点灯させます。
3. 「コード進行」欄からコード進行をクリックして選択します。
4. 「Chord Track」にドラッグ＆ドロップして貼り付けます。

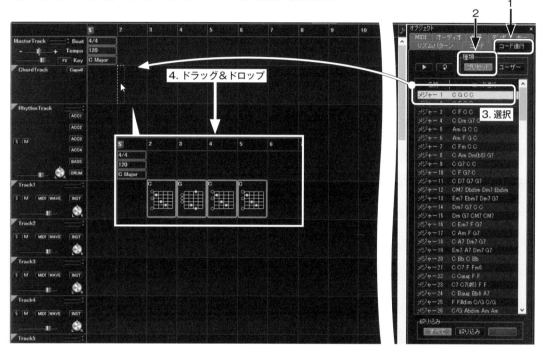

Hint

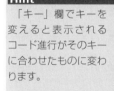

「キー」欄でキーを変えると表示されるコード進行がそのキーに合わせたものに変わります。

Hint

コード、コード進行とも貼り付ける前に試聴ボタンで試聴することができます。

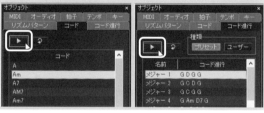

Hint

オブジェクトウィンドウに表示させるコード進行を絞り込んで表示させることもできます。「絞り込み」欄の「絞り込み」ボタンをクリックして点灯させ、「条件」ボタンをクリックすると「コード進行絞り込み条件」ダイアログが表示されます。小節数やテンション、「お洒落」や「かっこいい」といったものでも絞り込むことができます。

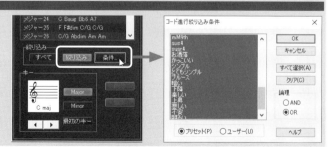

8章　作成モードの使い方　　147

リズムパターンとの連動

「Rhythm Track」のリズムパターンは「Chord Track」のコードに合わせて演奏されます。リズムパターンオブジェクトが入力されている小節にコードオブジェクトを入力してみましょう。コードオブジェクトのコードに合わせて演奏が変化します。コードオブジェクトとリズムパターンオブジェクトはどちらを先に貼り付けても構いません。

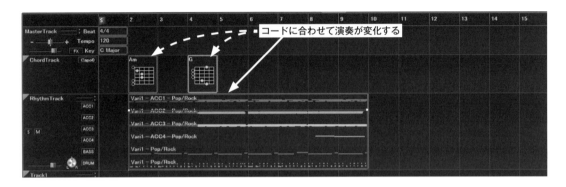

フィルインを追加する

リズムパターンの終わりの部分をフィルインに変更することができます。フィルインとは演奏のパターンが変わる時に前のパターンの終わりで次のパターンにつなげるような演奏を入れるものです。

手順

1. オブジェクトをクリックして選択します。
2. オブジェクトの上で右クリックして表示されるメニューから「フィルインの追加」を選択すると、オブジェクトの終わり部分がフィルインになります。

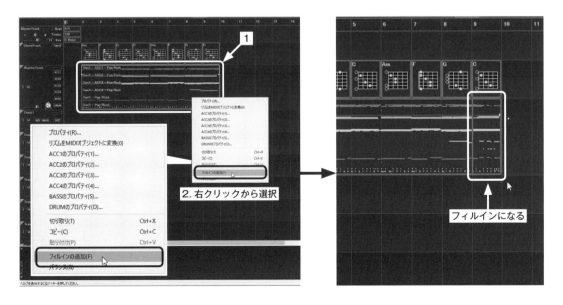

6 拍子オブジェクト／テンポオブジェクト／キーオブジェクトの貼り付け方

　拍子やテンポ、楽曲のキー（調）の情報はオブジェクトとして表示されます。作成モードで新規のプロジェクトを作成すると 4/4 拍子、テンポ 120、キー C Major で楽曲の頭に表示されています。ここでは各オブジェクトの変更や追加の方法を紹介します。

拍子オブジェクトを貼り付ける

手順

1. オブジェクトウィンドウの「拍子」タブをクリックすると拍子の一覧画面が表示されます。
2. 「拍子」欄から入力したい拍子をクリックして選択します。
3. 「Master Track」にドラッグ＆ドロップして貼り付けます。
　　楽曲頭の拍子オブジェクトが入力されている上にドラッグすると貼り付けた拍子に変更されます。

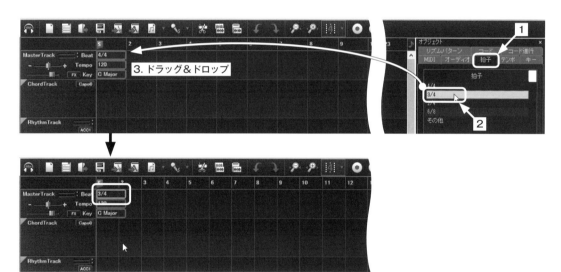

　拍子オブジェクトが入力されていない場所にドラッグ＆ドロップするとその場所に新しくオブジェクトが貼り付きます。

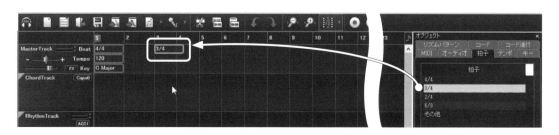

■拍子を自分で設定する

「拍子」欄に用意されている拍子以外の拍子を使用したい時には「その他」を選択しましょう。「その他」を「Master Track」にドラッグ＆ドロップすると「拍子のプロパティ」ダイアログが表示されるので拍子を自分で設定することができます。

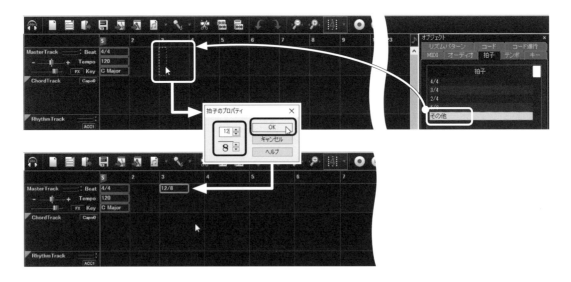

■拍子オブジェクトを変更する／削除する

楽曲頭以外の拍子オブジェクトを変更するには、拍子オブジェクトをダブルクリックして表示される「拍子のプロパティ」ダイアログから変更します。

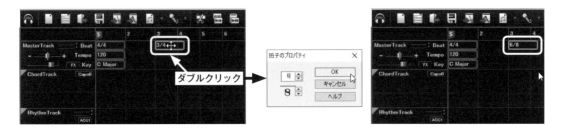

オブジェクトを削除したい時には、オブジェクトをクリックして選択してからパソコンのキーボードの「Delete」キーを押すと削除できます。

テンポオブジェクトを貼り付ける

手順

1. オブジェクトウィンドウの「テンポ」タブをクリックするとテンポの一覧画面が表示されます。
2. 「テンポ」欄から入力したいテンポをクリックして選択します。
3. 「Master Track」にドラッグ＆ドロップして貼り付けます。

楽曲頭のテンポオブジェクトが入力されている上にドラッグすると、貼り付けたテンポに変更されます。

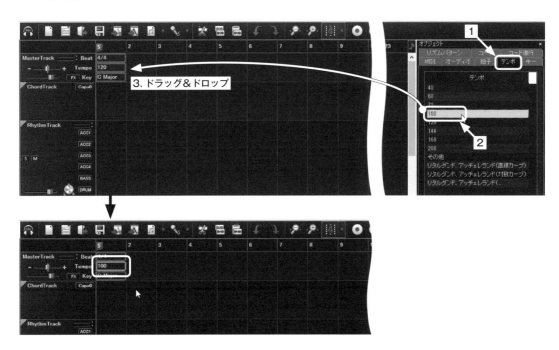

テンポオブジェクトが入力されていない場所にドラッグするとその場所に新しくオブジェクトが貼り付きます。

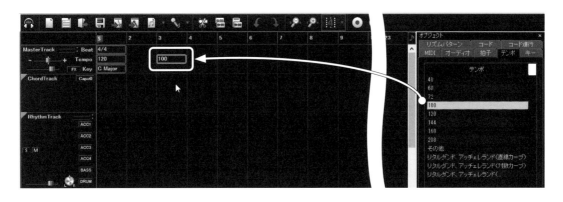

8章　作成モードの使い方

■テンポを自分で設定する

「テンポ」欄に用意されているテンポ以外のテンポを使用したい時には「その他」を選択しましょう。「その他」を「Master Track」にドラッグ＆ドロップすると「テンポのプロパティ」ダイアログが表示されるのでテンポを自分で設定することができます。

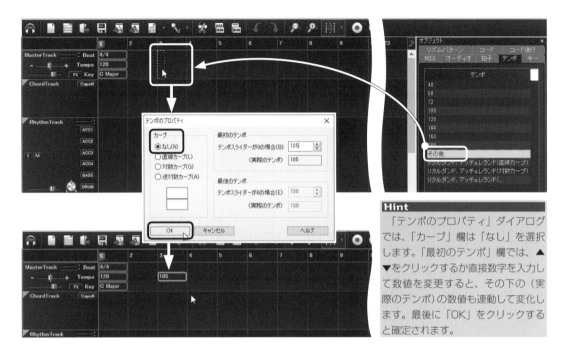

■リタルダンドやアッチェレランドを入力する

リタルダンド、アッチェレランドなどの入力は「テンポ」欄のリタルダンド、アッチェレランドと書かれたものを使用します。「Master Track」にドラッグ＆ドロップすると「テンポのプロパティ」ダイアログが表示されるので、テンポの変化のカーブや始まりのテンポ、終わりのテンポを設定しましょう。

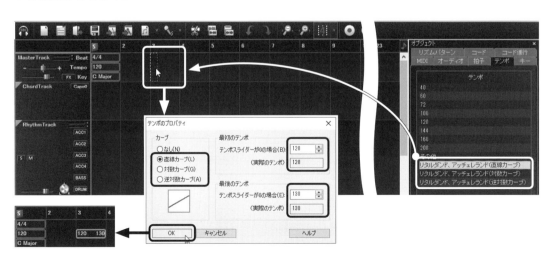

■テンポオブジェクトを変更する／削除する

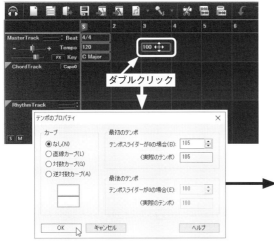

楽曲頭以外のテンポオブジェクトを変更するには、テンポオブジェクトをダブルクリックして表示される「テンポのプロパティ」ダイアログから変更します。

オブジェクトを削除したい時には、オブジェクトをクリックして選択してからパソコンのキーボードの「**Delete**」キーを押すと削除できます。

■キーオブジェクトを貼り付ける

手順

1. オブジェクトウィンドウの「キー」タブをクリックするとキーを選択できる画面が表示されます。
2. 「キー」欄から入力したいキーをクリックして選択します。
3. 「Master Track」にドラッグ＆ドロップして貼り付けます。
   楽曲頭のキーオブジェクトが入力されている上にドラッグすると貼り付けたものに変更されます。

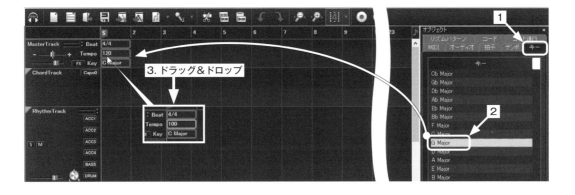

8章　作成モードの使い方　153

キーオブジェクトが入力されていない場所にドラッグするとその場所に新しくオブジェクトが貼り付きます。

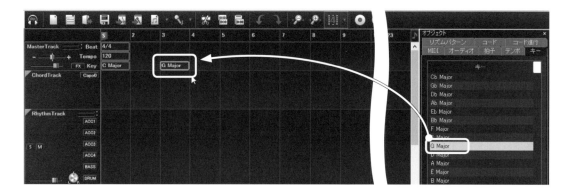

■キーオブジェクトを変更する／削除する

楽曲頭以外のキーオブジェクトを変更するには、キーオブジェクトをダブルクリックして表示される「キーのプロパティ」ダイアログから変更します。

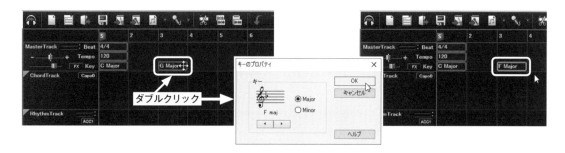

オブジェクトを削除したい時には、オブジェクトをクリックして選択してからパソコンのキーボードの「**Delete**」キーを押すと削除できます。

7 MIDIオブジェクト／オーディオオブジェクトの貼り付け方

　MIDIデータやオーディオデータはオブジェクトとしてTrack（1～32）に貼り付けることができます。バンドプロデューサー5に用意されているプリセットのデータの他に、既存のMIDIデータやオーディオデータも貼りつけられます。MIDIデータとオーディオデータの貼り付け方の手順は同じなので、ここでは例としてプリセットのMIDIデータを貼りつける手順で説明します。

手順

1. オブジェクトウィンドウのMIDIタブをクリックして選択します。
2. 種類欄から「プリセット」をクリックして点灯させます。
3. ファイル名一覧から貼り付けたいファイルをクリックして選択します。
4. 貼り付けたいファイルをTrack（1～32）にドラッグ＆ドロップするとオブジェクトが貼り付きます。

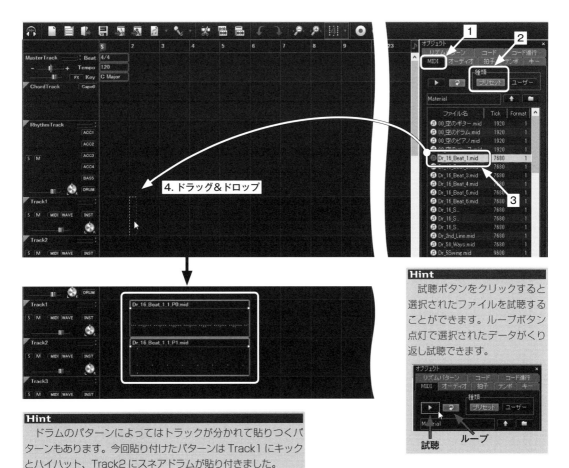

Hint
　試聴ボタンをクリックすると選択されたファイルを試聴することができます。ループボタン点灯で選択されたデータがくり返し試聴できます。

Hint
　ドラムのパターンによってはトラックが分かれて貼りつくパターンもあります。今回貼り付けたパターンはTrack1にキックとハイハット、Track2にスネアドラムが貼り付きました。

8章　作成モードの使い方　155

■既存の MIDI データを貼り付ける

既存の MIDI データを貼り付けたい場合は、種類欄の「ユーザー」ボタンを点灯させ、貼り付けたい MIDI データが保存されているフォルダを選択し、ファイルを貼り付けます。

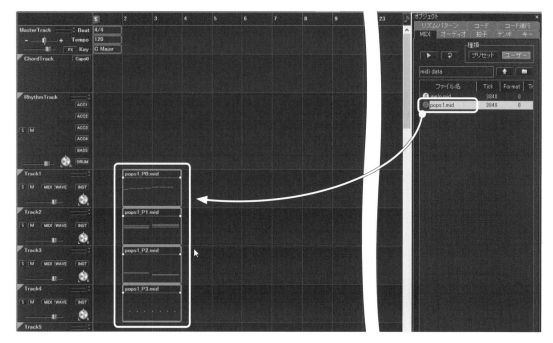

フォルダを指定せず、パソコン上のファイルの保存先からファイルを直接 Track（1～32）にドラッグしても貼り付けられます。

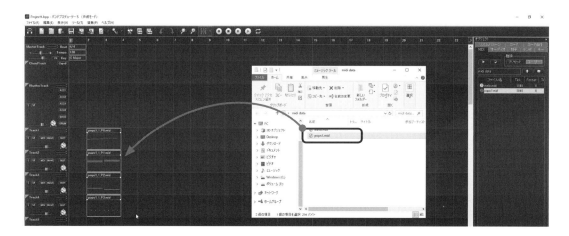

8 オブジェクトの編集

ここではトラックに貼り付けたオブジェクトのコピーや消去、移動などの編集方法を説明します。

▌オブジェクトの選択方法

オブジェクトはクリックして選択します。続けて「**Shift**」キーを押しながらクリックすると連続した複数のオブジェクトの選択、「**Ctrl**」キーを押しながらクリックすると飛び飛びで複数のオブジェクトが選択できます。

マウスカーソルで囲うようにドラッグしても複数選択できます。

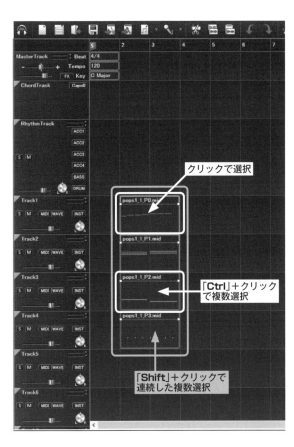
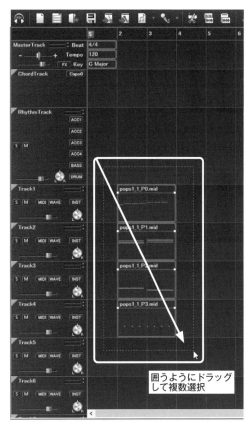

▌移動

オブジェクトはドラッグで移動できます。
移動幅の単位はグリッドで変更します。

8章 作成モードの使い方

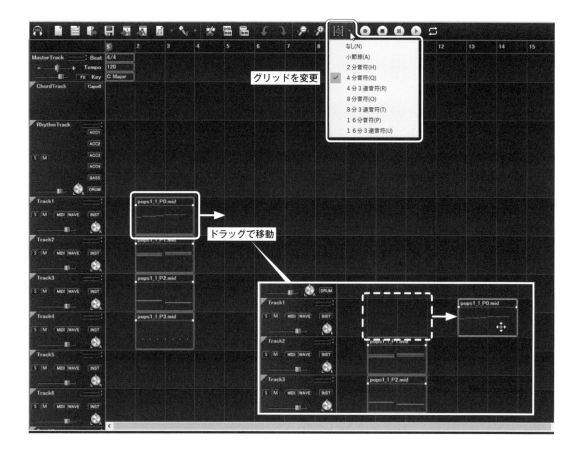

▎消去

マウスでクリックして選択したオブジェクトは「**Delete**」キーを押すと消去できます。

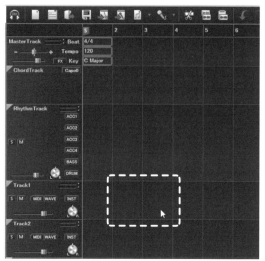

■コピー／切り取り

オブジェクトを選択して、ツールバーボタンのコピーをクリックするとコピーされ、切り取りをクリックすると切り取りされます。

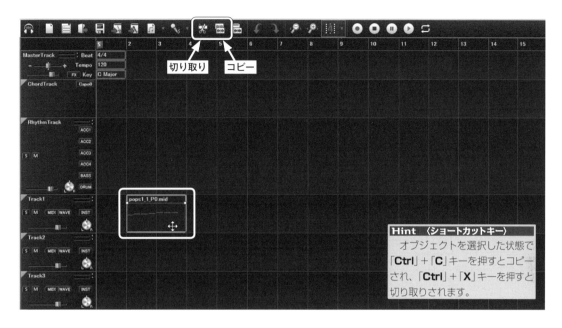

■貼り付け

コピーや切り取りしたオブジェクトは、ツールバーボタンの貼り付けをクリックすると演奏開始位置［S］に貼り付きます。

演奏開始位置［S］は小節番号のエリアでクリックすると位置を指定できます。

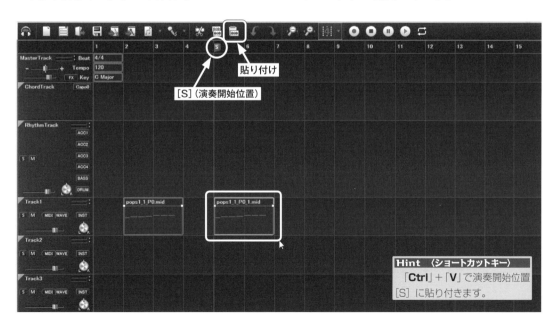

■長さの変更(リズムパターンオブジェクト)

　リズムパターンオブジェクトはオブジェクトの右端や左端をドラッグすることで長さを変えることができます。マウスカーソルをオブジェクトの端に合わせるとマウスカーソルが(↔)になるので、その状態でドラッグします。

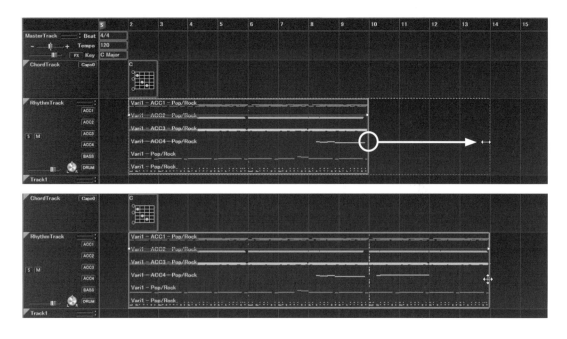

■ループ/トリム/ストレッチ(MIDIオブジェクト/オーディオオブジェクト)

　MIDIオブジェクト、オーディオオブジェクトでは、オブジェクトのループ(繰り返し)、トリム(削り)、ストレッチ(伸縮)ができます。

・ループ(繰り返し)

　オブジェクトの右端上半分にマウスカーソルを合わせるとマウスカーソルが(↻)になるので、そこで右側にドラッグするとオブジェクトをループできます。

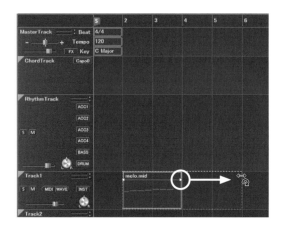 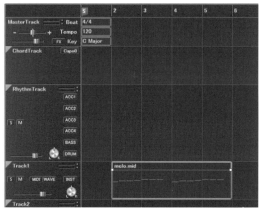

・トリム（削り）

　オブジェクトの右端下半分、または左端下半分にマウスカーソルを合わせるとマウスカーソルが（↔）になるので、そこでオブジェクトの内側にドラッグするとトリムできます。トリムした部分のデータは再生されません。

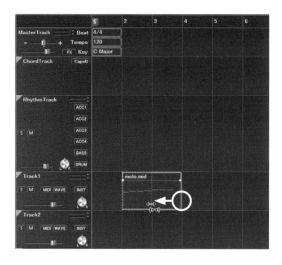
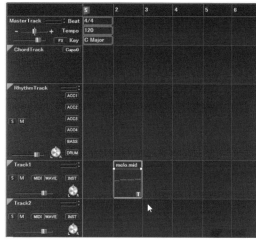

・ストレッチ（伸縮）

　オブジェクトの右端にマウスカーソルを合わせ、「**Ctrl**」キーを押すとマウスカーソルが（↔）になるので、「**Ctrl**」キーを押したままドラッグするとストレッチできます。ストレッチで短くすると演奏が早くなり、長くすると演奏が遅くなります。ストレッチは1/2～2倍までできます。ストレッチされているオブジェクトにはオブジェクトの右上に「S」と表記されます。

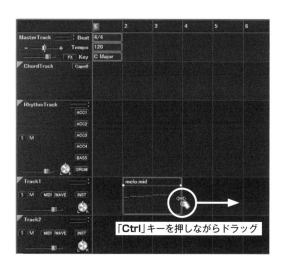
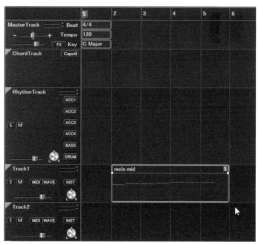

▍ボリューム

オブジェクトごとでボリューム（音量）を設定することができます。マウスカーソルをオブジェクトの中にあるボリュームのラインに合わせるとマウスカーソルが（↕）になるので、その状態で上下にドラッグします。

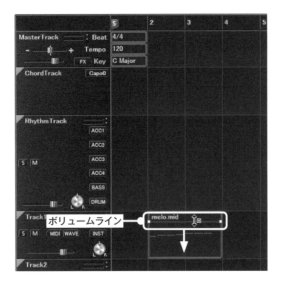
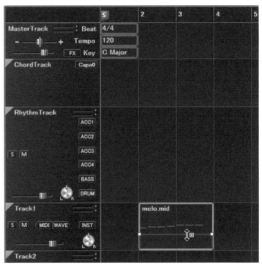

Hint
ボリュームラインの右端、左端の四角を内側にドラッグすることでフェードイン、フェードアウトにできます。

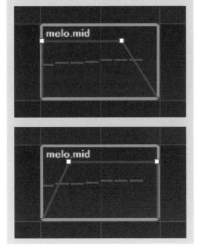

Hint
トラックにある「INST」（録音の設定）ボタンで開く「出力音源の設定」で「外部MIDI」「VSTi」を選んだ時にはボリュームラインは表示されません。

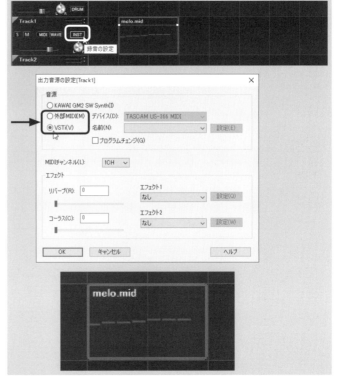

MIDIやオーディオデータの録音

　MIDIデータやオーディオデータはリアルタイムに録音することができます。録音されたデータはオブジェクトとしてトラックに表示されます。ここでは例としてオーディオの録音の手順を説明します。

▍録音の準備

・MIDIの録音

　USBで接続できるシンセサイザー、MIDIキーボードはUSBでパソコンに接続します。

　MIDI端子のシンセサイザー、MIDIキーボードはMIDIインターフェースを通してパソコンと接続します。

・オーディオの録音

　USBタイプのマイクはパソコンにUSBで接続します。

　マイク端子のマイクはパソコンのマイク端子に接続します。

　マイクケーブル（フォーン、XLR）はオーディオインターフェースを通してパソコンに接続します。

　※シンセサイザー、MIDIキーボード、MIDIインターフェース、オーディオインターフェースの接続方法は、それぞれ使用する機材の取扱説明書などをご参照ください。

▍録音の手順

手順

1. MIDIを録音したい場合はTrackの「MIDI」、オーディオを録音したい場合はTrackの「WAVE」をクリックして点灯させます。ここではオーディオを録音するので、「WAVE」をクリックして点灯させます。

2. オーディオの音を出してみて入力レベルのゲージが反応しているか確認しましょう。例えば声をマイクで録音する時などはマイクに向かって声を出してみて入力レベルのゲージが反応しているか（入力の信号がきているか）を確認します。反応がない場合は機器の接続やオーディオインターフェースなどの入力レベルの調整などを確認してみましょう。

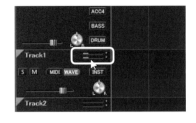

3. ツールバーの録音ボタンをクリックすると、1小節分カウントが鳴った後に録音が始まります。
4. 録音が終わったらツールバーの停止ボタンをクリックすると録音が終了します。録音終了後に録音したものがオブジェクトとして表示されます。

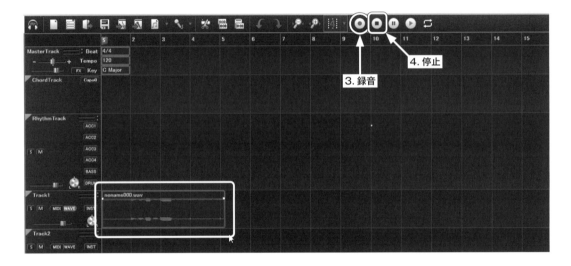

Hint

メトロノームの音色や前打ち小節数（カウント）など録音の細かい設定をしたい場合は、メニューバーの「ツール」→「録音の設定」を選択して表示される「録音の設定」ダイアログから設定できます。

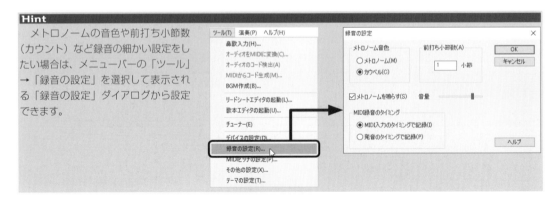

10 MIDIの編集（ノートの編集）

　MIDIオブジェクトの中身のMIDIデータは編集できます。ノートを編集した後は編集終了ボタンをクリックして編集したものを保存します。

MIDIの編集画面の開き方

手順

1. MIDIオブジェクトをクリックして選択します。
2. MIDIオブジェクトの上で右クリックして表示されるメニューから「MIDIの編集」を選択するとMIDIの編集画面が表示されます。

Hint
オブジェクトをダブルクリックしてもMIDIの編集画面が開きます。

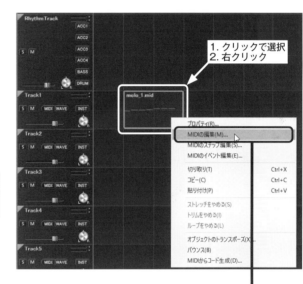

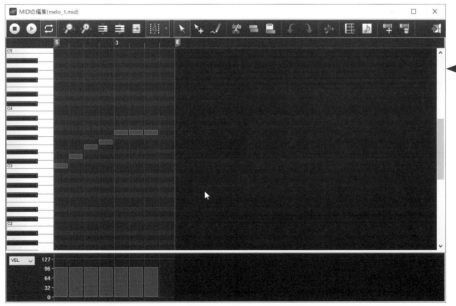

MIDI の編集画面の機能

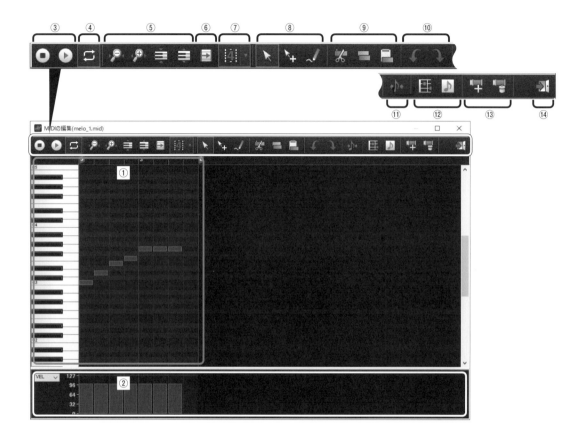

①	ノート編集エリア	音がピアノロールで表示されます。
②	ストリップチャート	ベロシティやイベントの編集を行います。
③	停止と再生	演奏を停止、再生します。
④	繰り返し	繰り返し再生します。
⑤	拡大縮小	![] で横方向に、![] で縦方向に拡大縮小します。
⑥	オリジナルにグリッド	データの元の位置にグリッドします。
⑦	グリッド	グリッドを設定します。
⑧	選択カーソル/追加カーソル/描写カーソル	選択カーソルはノートやイベントを選択します。追加カーソルはノートやイベントを追加します。描写カーソルは線を描写するようにイベントを追加します。
⑨	切り取り/コピー/貼り付け	切り取りでノートやイベントを切り取ります。コピーでノートやイベントをコピーします。貼り付けでノートやイベントを貼り付けます。

166

⑩	アンドゥ/リドゥ	アンドゥで1つ前の作業状態に戻ります。アンドゥで戻した作業状態をリドゥで1つ先に進めます。
⑪	クオンタイズ、グルーブクオンタイズ	ノートにクオンタイズやグルーブクオンタイズをかけてタイミングを補正します。
⑫	TABパネル/音符パネル	TABパネルや音符パネルを表示します。
⑬	小節の追加と削除	最後に1小節追加、最後の1小節を削除します。
⑭	編集終了	編集を終了します。

ノートの編集

追加カーソルでノート編集エリアをクリックするとノートを入力できます。
入力する音の長さはTABパネルや音符パネルで選択します。

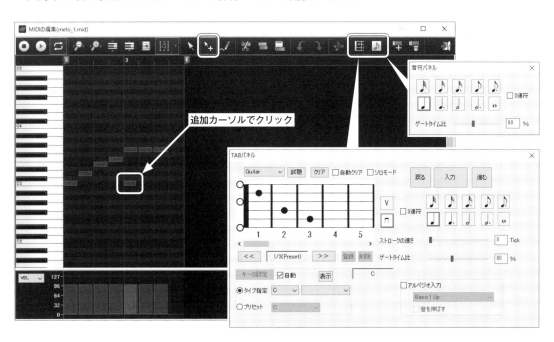

選択カーソルでノートをドラッグすると移動できます。

8章　作成モードの使い方　167

選択カーソルでノートをクリックして選択した状態で「**Delete**」キーをクリックするとノートを削除できます。

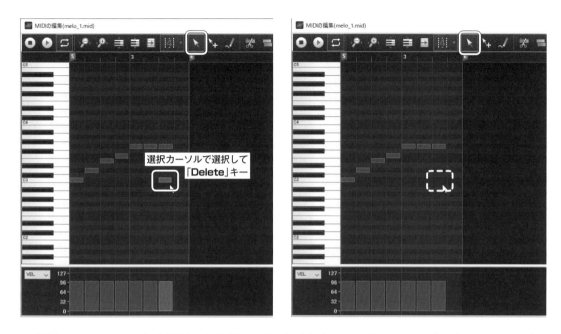

選択カーソルでノートを選択した状態で、「切り取り」ボタンをクリックすると切り取り、「コピー」ボタンクリックするとコピーができます。切り取りやコピーしたノートは「貼り付け」ボタンをクリックすると同じ位置にデータが貼り付きます（ノートが重なった状態になる）。必要に応じて移動しましょう。

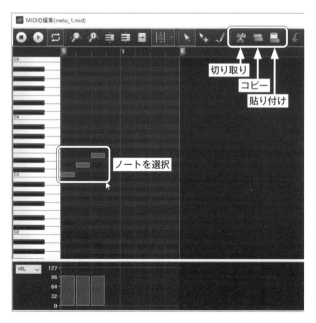
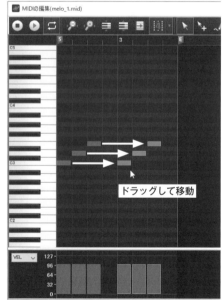

選択カーソルでノートの右端にマウスカーソルを合わせるとマウスカーソルが（↔）になるので、その状態でドラッグすると長さを変更できます。

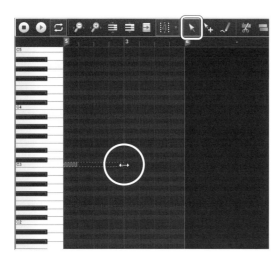
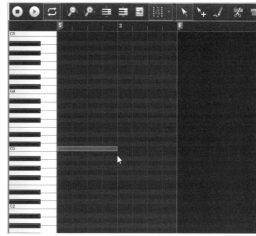

編集したものを保存する

編集が終わったら「編集終了」ボタンをクリックします。すると「MIDI編集の結果を保存しますか？」と聞かれるので「はい」をクリックして編集したものを保存します。MIDIの編集画面も自動的に閉じます。

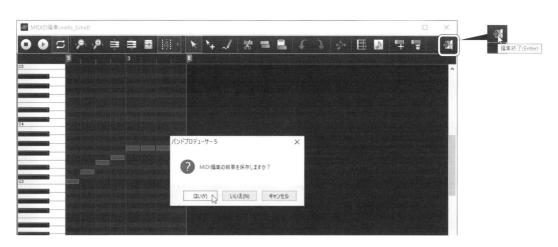

編集終了ボタンをクリックしないで、画面右上の閉じるボタン「×」をクリックすると「編集内容が破棄されますが、よろしいですか？」というメッセージが表示されます。「はい」を選択すると編集した内容が破棄されてしまうので気をつけましょう。

もし「×」をクリックしてしまった場合は「いいえ」をクリックすることで編集画面に戻ることができます。

8章　作成モードの使い方　169

11 MIDIの編集（ストリップチャートの編集）

　MIDIの編集画面の下部にあるストリップチャートではノートのベロシティ（音の強さ）やボリューム、パンなどといったイベント情報を編集することができます。イベント情報を編集した後は編集終了ボタンをクリックして編集したものを保存します。

▎編集できるイベント

VEL ベロシティ	ノート1音ずつの強さを表示します。
BND ピッチベンド	音程を変化させます。
MOD モジュレーション	音程を揺らします。
VOL ボリューム	音量を調整します。
PAN パン	定位を表示します。
EXP エクスプレッション	音量を調整します。
HLD ホールド	ピアノのホールドペダルの情報を表示します。

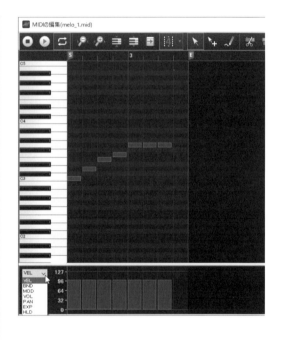

▎イベントの入力

手順

1. ストリップチャート左側のプルダウンメニューから入力したいイベントを選択します。ここでは VOL を選択しています。

Hint
　ベロシティはノートと一体になっている情報です。ノートを入力することでそのノートのベロシティがストリップチャートに表示されます。ストリップチャートではベロシティ以外のイベント情報が入力できます。ベロシティを選択した場合は、ノートと一緒に入力されているベロシティの値を編集できます。

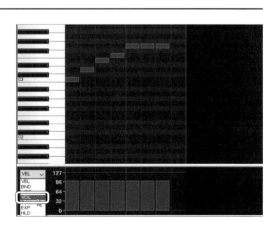

2. 追加カーソル（）でストリップチャート内をクリックするとイベントが入力されます。イベントはグリッドで設定した間隔で入力されます。

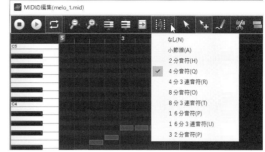

描写カーソル（）でストリップチャート内をドラッグすると連続してイベントが入力されます。描写カーソルではグリッドの影響をうけません。

イベントの編集

選択カーソル（）でイベントの先頭にある■にマウスカーソルを合わせるとマウスカーソルが（）になるので、その状態で■を上下にドラッグします。

「H」キーを押しながらドラッグすると水平方向に移動できます。このときマウスカーソルは（↔）になります。

イベントの削除

選択カーソル（）でイベントを選択した状態で、「Delete」キーをクリックするとイベントを削除できます。

イベントは大きく囲うことでまとめて選択し削除することもできます。

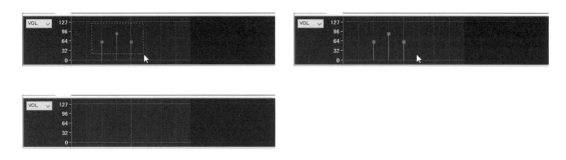

編集したものを保存する

編集が終わったら「編集終了」ボタンをクリックします。すると「MIDI編集の結果を保存しますか？」と聞かれるので「はい」をクリックして編集したものを保存します。MIDIの編集画面も自動的に閉じます。

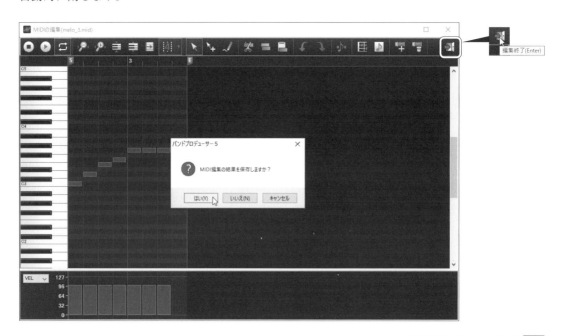

編集終了ボタンをクリックしないで、画面右上の閉じるボタン「×」をクリックすると「編集内容が破棄されますが、よろしいですか？」というメッセージが表示されます。「はい」を選択すると編集した内容が破棄されてしまうので気をつけましょう。

もし「×」をクリックしてしまった場合は「いいえ」をクリックすることで編集画面に戻ることができます。

12 TABパネルを使ったMIDIのコード入力

　MIDIの編集画面ではTABパネルを使ってコードを入力することができます。ギターやウクレレのフレットを見ながら音を確認できるのでギターやウクレレに慣れている方には音が確認しやすい入力方法です。

手順

1. ツールバーの「TABパネルの表示」ボタンをクリックしてTABパネルを表示します。
2. TABパネル画面左上のプルダウンメニューから、「Guitar」もしくは「Ukulele」を選択します。
3. 「自動クリア」と「ソロモード」のチェックボックスにチェックが入っていないことを確認します。入っている場合はクリックしてチェックを外しましょう。
4. タイプ指定を選択し、コードのルート音とタイプを選択します。
5. 転回形ボタンをクリックしてコードのポジションを選択します。
6. 入力したい音符の長さの音符ボタンをクリックして選択します。

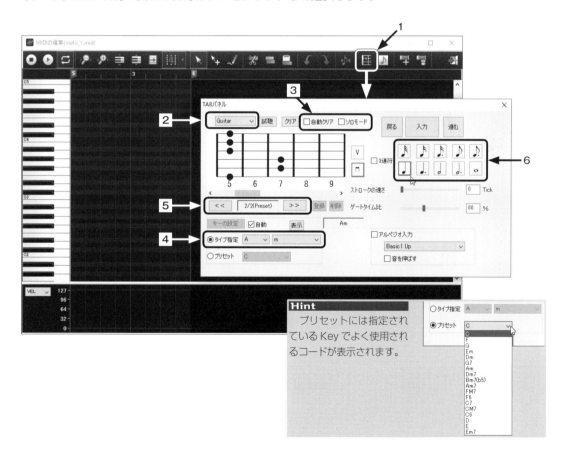

Hint
プリセットには指定されているKeyでよく使用されるコードが表示されます。

8章　作成モードの使い方　173

7. ストロークを選択します。上のボタン（V）がダウンストローク、下のボタン（⊓）がアップストロークになります。ストロークの速さはスライダーをドラッグして決めることができます。

8. 「戻る」「進む」ボタンをクリックして音を入力したい位置に白いカーソル線を移動させます。

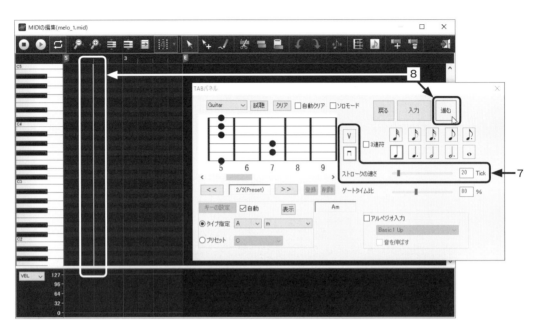

9. 「入力」ボタンをクリックするとコードの音が入力されます。

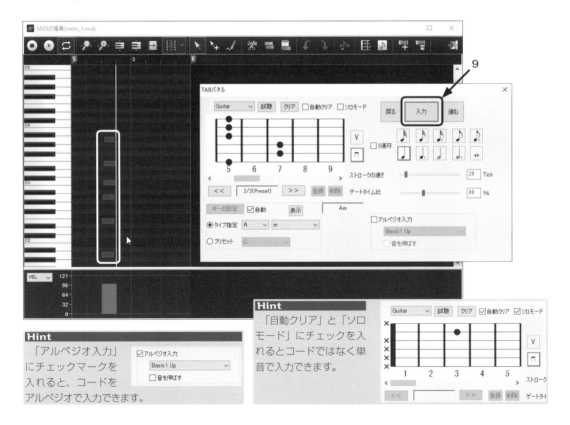

13 ステップシーケンサーを使った ドラムのMIDI入力

　音が鳴るタイミングとベロシティ（音の強さ）をグラフで表示するステップシーケンサーでMIDIを編集することもできます。ステップシーケンサーはMIDIのステップ編集画面と呼びます。ドラムパートなどのリズムの入力や編集にとても便利です。入力や編集した後は編集終了ボタンをクリックして編集したものを保存します。

MIDIのステップ編集画面の開き方

手順

1. MIDIオブジェクトをクリックして選択します。
2. MIDIオブジェクトの上で右クリックして表示されるメニューから「MIDIのステップ編集」を選択するとMIDIのステップ編集画面が表示されます。

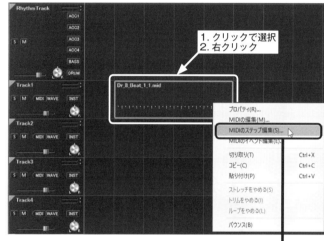

Hint
「このMIDIオブジェクトをステップ編集すると、ステップ編集の分解能でクオンタイズされて発音のタイミングや音の長さが変わる場合があります。よろしいですか？」というメッセージが表示されたら「はい」をクリックします。「いいえ」をクリックするとステップ編集画面は開きません。

8章　作成モードの使い方　175

MIDIのステップ編集画面の機能

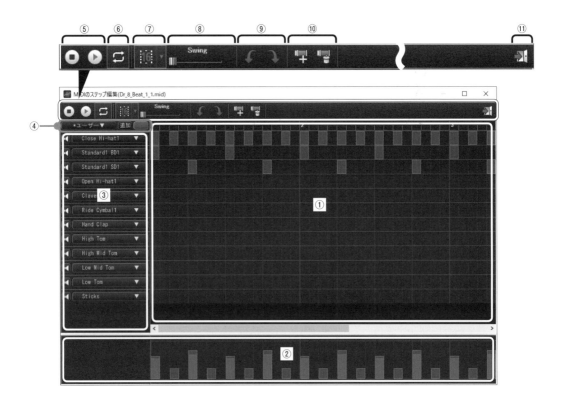

①	ノート編集エリア	音がマス目で区切られて表示されます。
②	ストリップチャート	ベロシティの編集を行います。
③	ドラム音のセット	12種のドラム音が表示されています。
④	ドラムセットの選択/登録/削除	ドラムセットを選択、登録、削除できます。
⑤	停止と再生	演奏を停止、再生します。
⑥	繰り返し	繰り返し再生します。
⑦	グリッド	ステップシーケンサーで編集できるグリッドを設定します。
⑧	Swing	スウィングの具合を設定します。
⑨	アンドゥ/リドゥ	アンドゥで1つ前の作業状態に戻ります。アンドゥで戻した作業状態をリドゥで1つ先に進めます。
⑩	小節の追加と削除	最後に1小節追加、最後の1小節を削除します。
⑪	編集終了	編集を終了します。

音の入力とベロシティの変更

グリッドで分割されたマス目をクリックすると音が入力され、音が入力されているマス目をクリックすると音が削除されます。

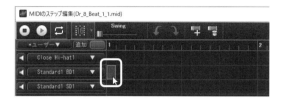 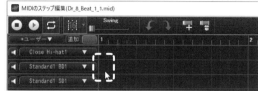

入力されている音を右クリックで選択すると、選択した音に対応したベロシティがストリップチャートでオレンジ色の枠で囲われます。オレンジ色で囲われたベロシティ上部にマウスカーソルを合わせるとマウスカーソルが（↕）になるので、上下にドラッグして値を変更します。

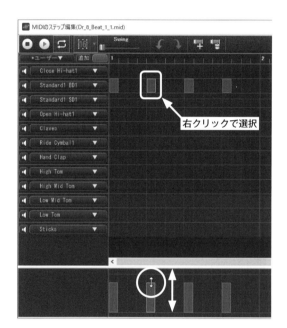 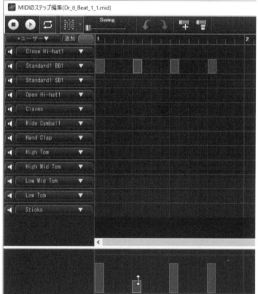

ドラム音の変更

各ドラム音はプルダウンメニューから変更できます。

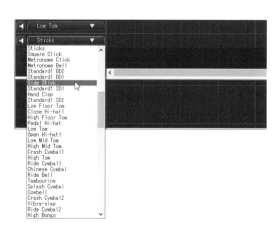

ドラム音のセット部分のプルダウンメニューからドラムセットを選択できます。

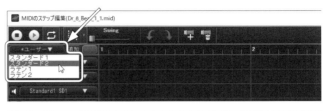

「追加」ボタンをクリックすることでドラム音を変更したものを新しいドラムセットとして保存できます。

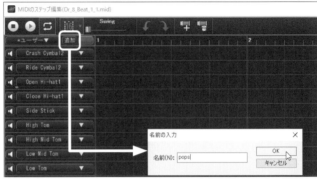

追加したドラムセットは選択した状態で「削除」ボタンをクリックするとドラムセットから削除できます。

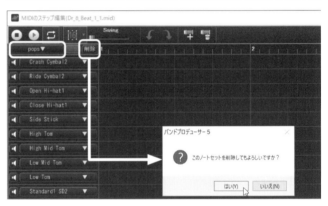

編集したものを保存する

編集が終わったら「編集終了」ボタンをクリックします。すると「MIDI編集の結果を保存しますか？」と聞かれるので「はい」をクリックして編集したものを保存します。MIDIのステップ編集画面はこの操作の後に閉じます。MIDIの編集画面（P.169,172参照）同様に、この操作をしないでステップ編集画面を閉じてしまうと、編集した内容が保存されないので気をつけましょう。

14 MIDIのイベント編集

　MIDIのイベント編集画面は、入力された音のタイミングや長さ、強さなどが数値で示されるので、それぞれの音を細かく数値で編集したい時に便利な画面です。イベントを編集した後は編集終了ボタンをクリックして編集したものを保存します。

MIDIのイベント編集画面の開き方

手順

1. MIDIオブジェクトをクリックして選択します。
2. MIDIオブジェクトの上で右クリックして表示されるメニューから「MIDIのイベント編集」を選択するとMIDIのイベント編集画面が開きます。

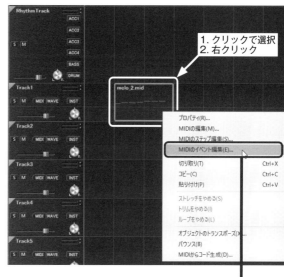

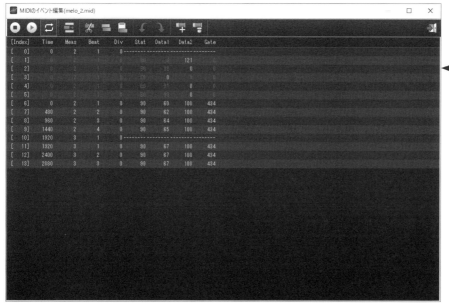

8章　作成モードの使い方　179

MIDIのイベント編集画面の機能

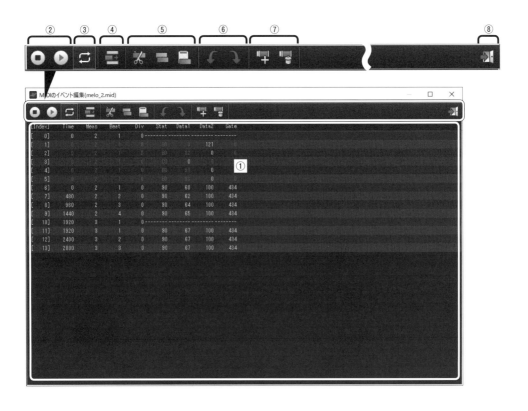

①	イベント編集エリア	音の情報が数値で表示されます。
②	停止と再生	演奏を停止、再生します。
③	繰り返し	繰り返し再生します。
④	イベントの追加	選択位置の後にイベントを追加します。
⑤	切り取り/コピー/貼り付け	切り取りでイベントを切り取ります。コピーでイベントをコピーします。貼り付けでイベントを貼り付けます。
⑥	アンドゥ/リドゥ	アンドゥで1つ前の作業状態に戻ります。アンドゥで戻した作業状態をリドゥで1つ先に進めます。
⑦	小節の追加と削除	最後に1小節追加、最後の1小節を削除します。
⑧	編集終了	編集を終了します。

イベントの追加

手順

1. イベントを追加したい場所の前のイベントをクリックして選択します。
2. イベントの追加ボタンをクリックすると選択したイベントの後にイベントが追加されます。

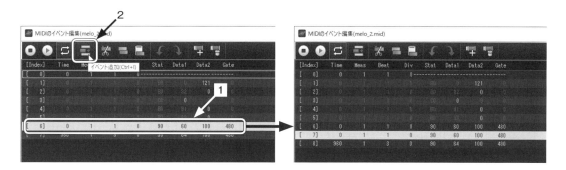

イベントの削除

イベントをクリックして選択した状態で「**Delete**」キーを押すと、イベントが削除されます。

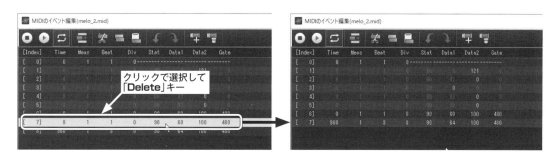

切り取り / コピー / 貼り付け

イベントをクリックして選択した状態で「切り取り」ボタンをクリックするとイベントが切り取られます。

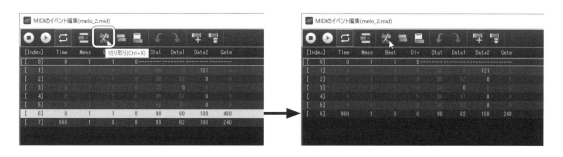

8章　作成モードの使い方　　181

イベントをクリックして選択した状態で「貼り付け」ボタンをクリックすると、選択していたイベントの後ろに「切り取り」していたイベントが貼り付けられます。

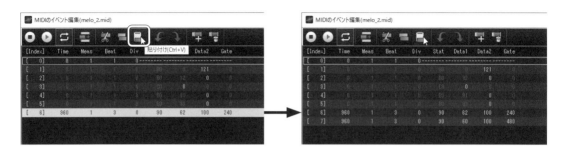

イベントをクリックして選択した状態で「コピー」ボタンをクリックするとイベントがコピーされます。

イベントをクリックして選択した状態で「貼り付け」ボタンをクリックすると、選択していたイベントの後ろにコピーしていたイベントが貼り付けられます。

イベントの編集

変更したいイベントの数値をダブルクリックして値を入力するか、▲▼ボタンをクリックして値を変更します。

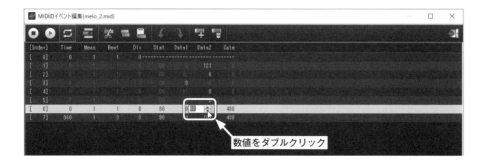

数値をダブルクリック

182

ステータス（Stat）の場合は表示をダブルクリックするとプルダウンメニューが表示されるので、その中から選択します。

■例　(各数値)が表しているもの

Stat：ステータスを表し、「90」は音が入力されていることを表しています。「Stat」が「90」の時の「Data1」「Data2」「Gate」はそれぞれ次のようになります。

Data1：ノートナンバーを示し、入力されている音の高さを数字で表しています。60 = Cの音（真ん中のド）、61 = C♯、62 = D …の音を示します。

Data2：ベロシティを表しています。一般的に0（無音）〜 127（最大）の128段階で表されます。

Gate：音の長さを表しています。

編集したものを保存する

　編集が終わったら「編集終了」ボタンをクリックします。すると「MIDI編集の結果を保存しますか？」と聞かれるので「はい」をクリックして編集したものを保存します。MIDIのイベント編集画面はこの操作の後に閉じます。MIDIの編集画面（P.169,172参照）同様に、この操作をしないでイベント編集画面を閉じてしまうと、編集した内容が保存されないので気をつけましょう。

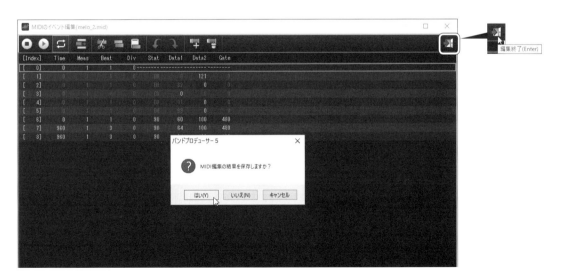

15 作ったデータをMIDIデータ（SMF）として保存する

　作成モードで作ったMIDIデータは他のソフトや機器でも利用できる、スタンダードMIDIファイルとして保存することができます。メニューに出てくるSMFは「スタンダードMIDIファイル」の略で、ファイルの拡張子は（.mid）です。

手順

1. メニューバーの「ファイル」→「エクスポート」→「SMF」を選択します。

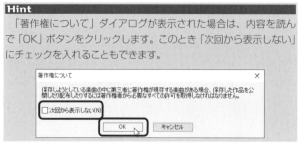

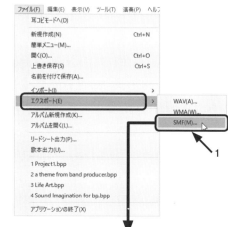

Hint
「著作権について」ダイアログが表示された場合は、内容を読んで「OK」ボタンをクリックします。このとき「次回から表示しない」にチェックを入れることもできます。

2. 「SFMエクスポート」ダイアログが表示されるのでファイル名欄に保存するMIDIファイルの名前を入力します。

3. 保存形式欄からMIDIデータの保存形式を選択します。フォーマット1の方が新しい形式です。保存したMIDIデータを使用する環境が古くない場合はフォーマット1を選択しましょう。

4. 対応音源欄から「GM」か「GM2」を選択します。保存したMIDIデータを使用する環境に合わせて選択しましょう。

5. 保存する場所を選択して、「保存」ボタンをクリックするとMIDIデータとして保存されます。

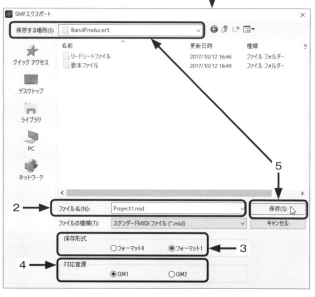

Hint
ファイルの種類欄は「スタンダードMIDIファイル」で固定されています。

16 オーディオの編集

　オーディオデータはオーディオの編集画面でオーディオ波形を編集します。ドラッグして範囲選択をし、選択した範囲のオーディオ波形の大きさを変えたり、不要な部分を削除したり、エフェクトをかけたりすることができます。オーディオ波形を編集した後は編集終了ボタンをクリックして編集したものを保存します。

オーディオの編集画面の開き方

手順

1. オーディオオブジェクトをクリックして選択します。
2. 選択したオーディオオブジェクトの上で右クリックして表示されるメニューから「オーディオの編集」を選択するとオーディオの編集画面が開きます。

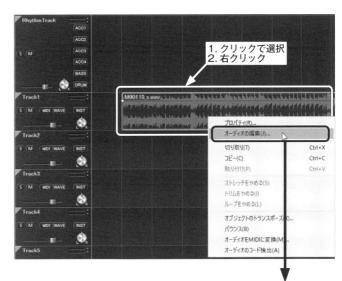

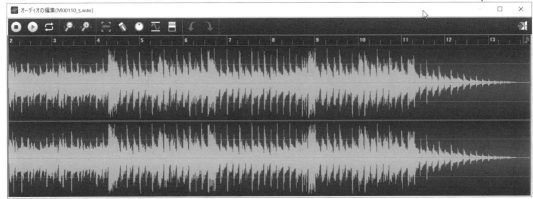

オーディオの編集画面の機能

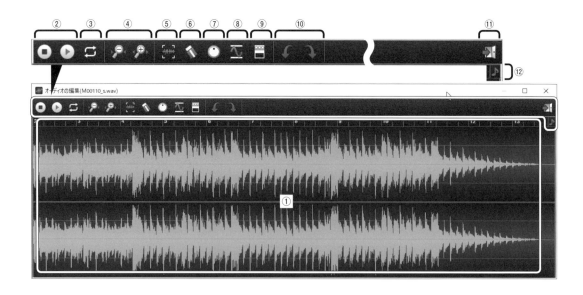

①	波形編集エリア	ドラッグして編集する波形の範囲を選択します。
②	停止と再生	演奏を停止、再生します。
③	繰り返し	繰り返し再生します。
④	拡大縮小	横軸の拡大と縮小をします。
⑤	すべてを選択	波形全体を選択します。
⑥	消去	選択範囲を消去します。
⑦	ボリューム調整	波形全体の音量を調整します。
⑧	最大化	波形全体を最大化します。
⑨	エフェクト	波形全体にエフェクトをかけます。
⑩	アンドゥ/リドゥ	アンドゥで1つ前の作業状態に戻ります。アンドゥで戻した作業状態をリドゥで1つ先に進めます。
⑪	編集終了	編集を終了します。
⑫	小節/サンプル表示の切り替え	小節表示とサンプル表示を切り替えます。

波形の大きさを最大化する

最大化ボタンをクリックすることで波形が最大化されます。

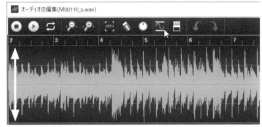

波形の大きさを調整する

ボリューム調整ボタンをクリックして表示される「ボリューム調整」ダイアログから波形の大きさを倍率で調整することができます。

波形の不要な部分を消去する

波形をドラッグして範囲を選択し、消去ボタンをクリックすると選択範囲が消去されます。

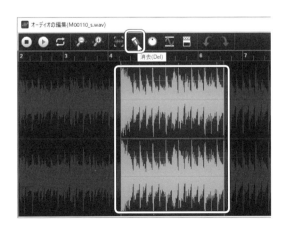
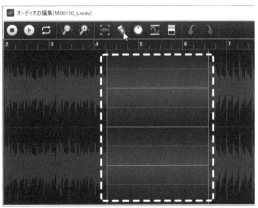

エフェクトをかける

エフェクトボタンをクリックして表示される「エフェクトの選択」ダイアログからエフェクトをかけることができます。

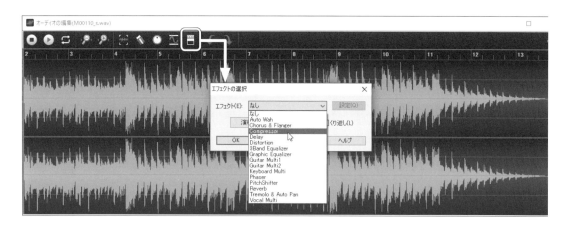

編集したものを保存する

編集が終わったら「編集終了」ボタンをクリックします。すると「波形編集の結果を保存しますか？」と聞かれるので「はい」をクリックして編集したものを保存します。オーディオの編集画面はこの操作の後に閉じます。MIDIの編集画面（P.169,172参照）同様に、この操作をしないでオーディオの編集画面を閉じてしまうと、編集した内容が保存されないので気をつけましょう。

17 オーディオデータをMIDIにする

　作成モードではトラックに読み込んだオーディオデータをMIDIデータに変換することができます。例えばマイクを使って録音した声やオブジェクトウィンドウから貼り付けたオーディオオブジェクトをMIDIにすることができます。
　ここではオーディオデータをMIDIデータに変換する手順を説明します。

準備

　トラックにオーディオデータを用意しておきましょう。
　オブジェクトウィンドウからオーディオオブジェクトを貼り付ける手順は、8章項目7「MIDIオブジェクト/オーディオオブジェクトの貼り付け方」(P.155) を、トラックに歌声などをオーディオ録音する手順は、8章項目9「MIDIやオーディオデータの録音」(P.163) を参照ください。

手順

1. オーディオオブジェクトをクリックして選択します。
2. 選択したオブジェクトの上で右クリックして表示されるメニューから「オーディオをMIDIに変換」を選択すると、「検出方法の選択」ダイアログが表示されます。

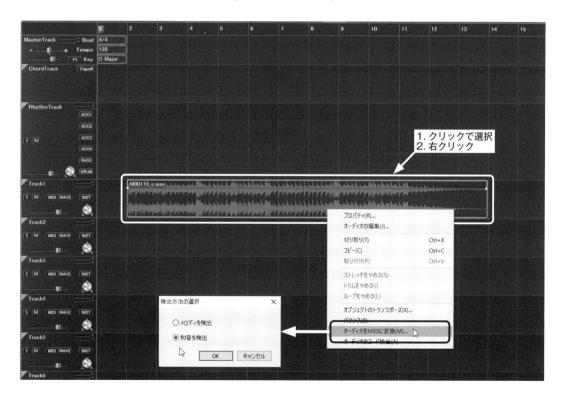

8章　作成モードの使い方　189

3. 「メロディを検出」「和音を検出」から検出したい方にチェックを入れ「OK」ボタンをクリックします。「メロディを検出」を選択すると「オーディオをMIDIに変換」ダイアログが、「和音を検出」を選択すると「和音を検出」ダイアログが表示されます。ここではメロディ検出を選択します。

4. 検出音源の設定欄から、「ボーカル」「楽器」のいずれかを選択します。ここでは楽器を選択します。

5. 音域の設定欄のプルダウンメニューから対応している音域を選択します。

6. 「検出開始」ボタンをクリックするとオーディオがMIDIに変換され、変換元のオーディオオブジェクトの下のトラックにMIDIオブジェクトとして表示されます。

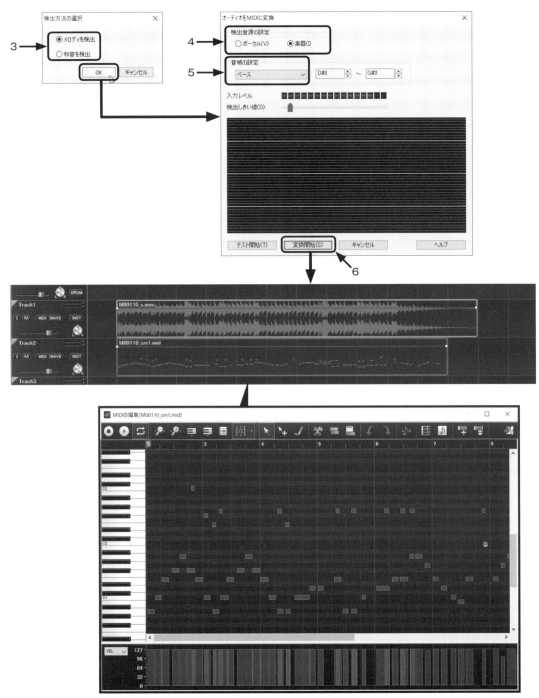

18 オーディオデータからコードを判定する

　作成モードではトラックに読み込んだオーディオデータからコードを判定することができます。ここではオーディオデータからコードを判定する手順を説明します。

準備
　トラックにオーディオデータを用意しておきましょう。
　オブジェクトウィンドウからオーディオオブジェクトを貼り付ける手順は、8章項目7「MIDIオブジェクト／オーディオオブジェクトの貼り付け方」（P.155）を参照ください。

手順
1. オーディオオブジェクトをクリックして選択します。
2. 選択したオブジェクトの上で右クリックして表示されるメニューから「オーディオのコード検出」を選択すると、「検出の詳細設定」ダイアログが表示されます。後ろの画面が耳コピモードの検出画面に切り替わります。

8章　作成モードの使い方　　191

3. 「コード検出 基本」タブが選択されていることを確認します。選択されていない場合はクリックして選択します。
4. 「センターキャンセル」欄のセンターキャンセルにチェックをいれます。センターキャンセルをすることでボーカル入りの曲の場合は検出精度が上がります。
5. 「ジャンル」欄で「ロック／ポップス」か「ジャズ」にチェックを入れて選択します。バスドラムが強い曲ではロック／ポップスを、そうでない曲であればジャズを選択しましょう。
6. 「テンションレベル」欄で何和音を中心に検出するかを選択します。検出する和音のタイプを指定しない場合は「Normal」を選択しましょう。
7. 「OK」ボタンをクリックすると、検出されたコードが耳コピモードの検出画面に表示されます。

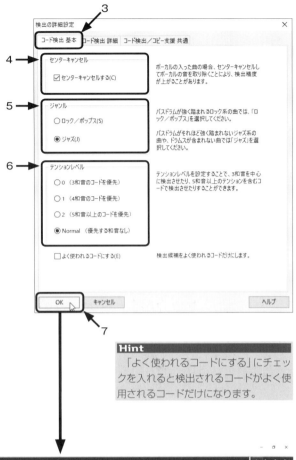

Hint
「よく使われるコードにする」にチェックを入れると検出されるコードがよく使用されるコードだけになります。

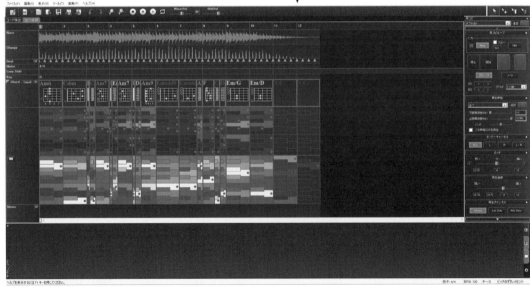

19 作成モードのデータをオーディオデータとして保存する

　作成モードで制作した楽曲はオーディオデータとして保存できます。保存できるファイル形式はWAVとWMAです。オーディオデータに保存することでパソコンの音楽プレーヤーソフトなどでも再生できるようになります。WAV形式は音楽CDを作る時に使われる音質のデータ形式です。WMAは音声を圧縮したデータ形式なのでWAV形式よりも音質が落ちますがファイルサイズは小さくなります。ここではWAV形式への保存の手順を紹介します。

手順

1. メニューバーの「ファイル」→「エクスポート」から「WAV」を選択します。
　※WMA形式で保存したい場合はここでWMAを選択しましょう。

Hint
「著作権について」ダイアログが表示された場合は、内容を読んで「OK」ボタンをクリックします。このとき「次回から表示しない」にチェックを入れることもできます。

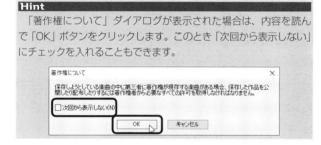

2. 「WAVエクスポート」ダイアログが表示されるのでファイル名を入力します。

Hint
　WMAを選択した場合は「WMAエクスポート」ダイアログが表示されます。

8章　作成モードの使い方

3. 保存するフォルダを選択します。

4. 「書き出し後の処理」欄で「再生する」と「フォルダを開く」にチェックを入れます。「再生する」にチェックを入れるとWAVに保存された後にそのデータが再生されます。「フォルダを開く」にチェックを入れるとWAV保存後に保存されたフォルダが開きます。

5. 「OK」ボタンをクリックするとWAVに保存されます。

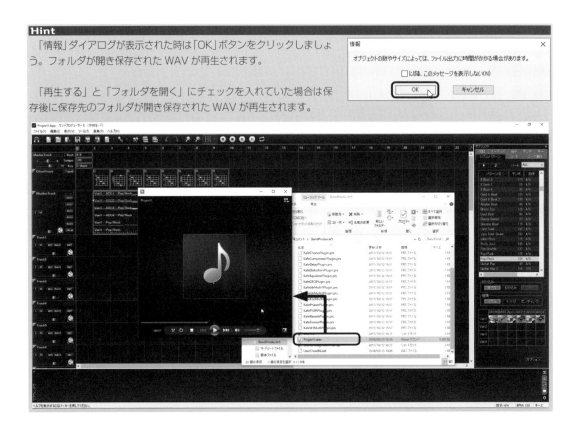

> **Hint**
> 「情報」ダイアログが表示された時は「OK」ボタンをクリックしましょう。フォルダが開き保存されたWAVが再生されます。
>
> 「再生する」と「フォルダを開く」にチェックを入れていた場合は保存後に保存先のフォルダが開き保存されたWAVが再生されます。

> **Hint 〈音楽CDを作るには〉**
> 作成モードで保存したオーディオデータは「Windows Media Player」などのCDライティングソフトを使って音楽CDにすることができます。バンドプロデューサー5にはCDライティングの機能は搭載されていないので、バンドプロデューサー上でできる作業はオーディオファイルを作るところまでになります。

その他の便利な機能

1 コード入力パネルを使った曲作り

　作成モードにはコード入力パネルというコードネームが書かれたパネルがあります。貼り付けたリズムパターンを再生している時に、コード入力パネルのコードをクリックすると、クリックしたコードに合わせて演奏が変化します。またクリックしたコードネームは録音（注：バンドプロデューサー5ではコードネームを記録することをコード録音といいます）することもできます。クリックしたコードに合わせて伴奏が演奏されるので楽しみながらコード進行を考えられます。

　ここではコード入力パネルを使ってコードネームを録音する曲作りの手順を紹介します。

　まずはバンドプロデューサーの画面が作成モードで表示されているか確認しましょう。タイトルバーに（作成モード）と表示されていれば作成モードになっています。表示されていない場合は「作成モードへ」ボタン（ ）をクリックして作成モードに切り替えます。

手順

1. サブウィンドウ右端のコード入力タブをクリックしてコード入力パネルを表示します。

2. オブジェクトウィンドウのリズムパターンタブをクリックしてリズムパターンを表示します。
3. パターン名をクリックして選択します。
   パターンが選択された状態で試聴ボタンをクリックするとパターンが試聴できます。
4. 使いたいパターンをトラックにドラッグしてリズムパターンを貼り付けます。

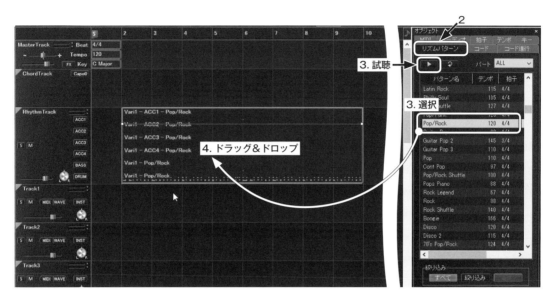

5. 小節番号をクリックして演奏開始位置 [S] をリズムパターンの開始位置に合わせます。
6. サブウィンドウ右端の「コード録音」ボタンをクリックします。

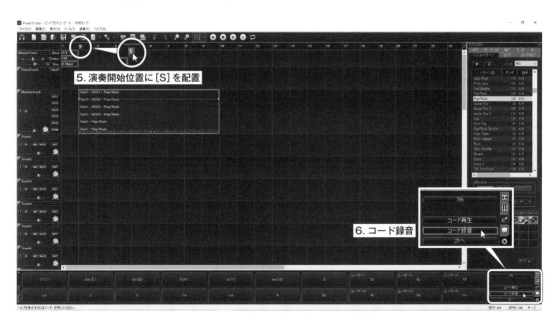

6-①「コード録音」ボタンをクリックすると、ボタンの少し上の部分に「コード録音準備中」と表示され、手順**4**で貼り付けたリズムパターンが1回再生されます。

9章　その他の便利な機能　　197

6-② リズムパターンが1回再生された後に続いて、録音が自動的にスタートします。録音がスタートしたら演奏に合わせてサブウィンドウのコードパネルをクリックしましょう。

6-③ クリックしたコードパネルのコードに合わせて伴奏が演奏され、「Chord Track」にクリックしたコードネームが録音されます。録音は貼り付けたリズムパターンの終わりで自動的に停止します。

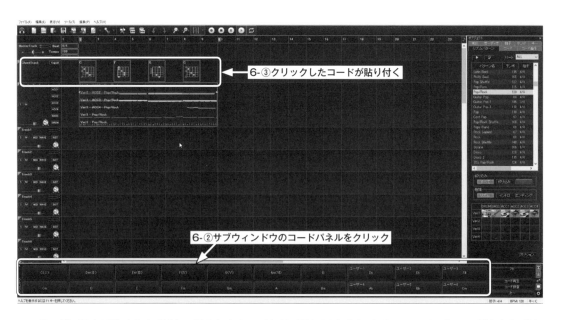

6-④ 録音が停止した後は、録音したものがくり返し再生されます。ツールバーの「停止」ボタンをクリックして演奏を停止しましょう。

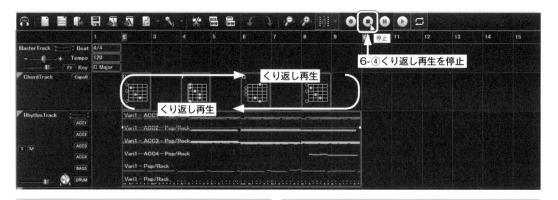

Hint

サブウィンドウの「コード録音」ボタンをクリックした時に、演奏開始位置[S]がリズムパターンの開始位置に配置されてないと、下図のようなメッセージが表示されます。「OK」ボタンをクリックしてメッセージを閉じてから、演奏開始位置[S]をリズムパターンの開始位置に合わせましょう。

Hint

コードネームを録音しないで、リズムパターンを再生させながらコード入力パネルで色々なコードを試したい時には、サブウィンドウの「コード再生」をクリックしてリズムパターンを再生させましょう。貼り付けたリズムパターンがループ再生されます。もう一度「コード再生」ボタンをクリックすると停止します。ツールバーの「再生」ボタンではコード入力パネルのコード演奏ができないので気を付けましょう。

2 鼻歌作曲

バンドプロデューサー5には、パソコンにマイクを接続して歌ったメロディにコードと伴奏をつけてくれる鼻歌作曲という機能が搭載されています。思いついた鼻歌から楽曲を作ることができます。

■まずは準備

鼻歌作曲にはマイクが必要です。バンドプロデューサー側でマイクの入力ができるように設定をします。メニューバーの「ツール」→「デバイスの設定」画面でマイクから入力できるようになっているかを確認しましょう。

デバイスの設定は2章項目1「まずは音を出すための設定を確認しよう」（P.22）でも説明していますが、マイクをつなげる際には録音デバイスの設定方法が重要になってくるのでここでももう一度説明します。

・マイクをオーディオインターフェースにつなぐ場合は、録音デバイス欄で使用するオーディオインターフェースの名前を選択します。

MME の場合　　　　**DirectX の場合**

ASIOの場合（チャンネル設定ボタンをクリックして入力を確認）

・パソコンのマイク端子にマイクを接続する場合は、使用しているパソコン標準のサウンドデバイスを選択します。「Wave Mapper」や「プライマリ サウンド キャプチャ ドライバー」はパソコンのコントロールパネルのサウンド項目で設定されているデバイスが適用されます。

「サウンド設定」ボタンをクリックするとパソコンのコントロールパネルのサウンド項目が表示されます。録音タブをクリックすると録音デバイスが確認できます。チェックマークが付いているものが現在選択されているデバイスになります。

MMEの場合の標準デバイス

DirectX の場合の標準デバイス

　USB 端子で接続するタイプのマイクは、製品名や USB デバイスと表示されることがあります。また、オーディオインターフェースやマイクの使い方などは、使用している製品の取扱説明書をご参照ください。

鼻歌作曲の手順

手順

1. ツールバーの「鼻歌入力」ボタン横の▼をクリックして「新規に鼻歌作曲」を選択すると、「拍子とテンポの設定」ダイアログが表示されます。

2. 拍子とテンポを▲▼ボタンを使って設定します。
3. 「OK」ボタンをクリックすると、「エフェクトの設定」ダイアログが表示されます。

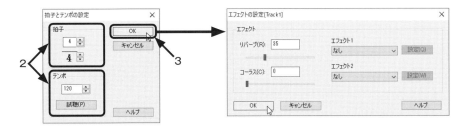

9章　その他の便利な機能　　201

4. 歌う時にエコー（リバーブ）を入れたい場合はリバーブのスライダーを右にドラッグしてエコーを入れましょう。

Hint
カラオケなどでよく使われる、エコーという声にかける残響は、音楽ソフトなどではリバーブといいます。このリバーブのように、音に何らかの効果を与えるものを総称してエフェクトといいます。

5. 「OK」ボタンをクリックすると「鼻歌入力」ダイアログが表示されます。

6. 検出音源の設定欄から「ボーカル」にチェックを入れて選択します。

7. 音域の設定欄のプルダウンメニューから「男声」や「女声」などの音域を選択します。

8. きちんと入力されるか確認します。「リハーサル開始」ボタンをクリックしてマイクに向かって歌ってみましょう。グラフに黄色い線が表示されれば入力されています。もう一度ボタンをクリックするとリハーサルが停止します。

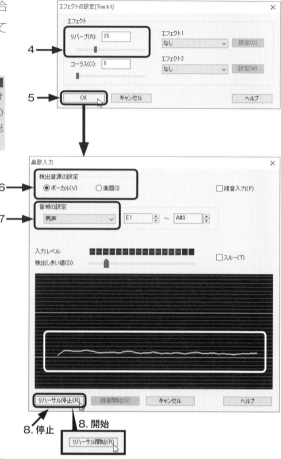

Hint
入力の信号がきていない場合はマイクや機材の接続や電源が入っているかなどを見直してみましょう。オーディオインターフェースを使用している場合は、マイクをつなげた入力口の入力レベル（インプットレベル）などが小さくないかも確認してみましょう。

Hint
音域は手動で自由に設定することもできます。
設定されている音域の幅はグラフに白い2つの線で表示されます。手順**8**で歌った歌声が音域からはみ出してしまった時には音域を設定し直しましょう。▼▲をクリックして音域を設定することができます。音域を設定すると左側のプルダウンメニューの文字がカスタムに変わります。確認してみましょう。

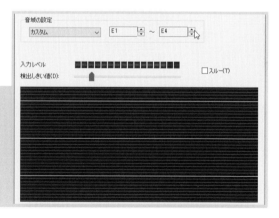

9. 「録音開始」ボタンをクリックすると1小節分のカウントの後に録音が開始されます。メトロノームのリズムに合わせて鼻歌を歌いましょう。

10. 歌い終わったら「録音停止」ボタンをクリックします。「録音停止」ボタンをクリックすると「MIDIからコード生成」ダイアログが表示されます。
11. コード生成の間隔欄からコードを1小節に1つにするか、2つにするかをクリックして選択します。ここでは「小節に1つ」を選択します。
12. リズムパターン欄からリズムを「ランダム」にするか「固定」にするか選択します。ここでは「ランダム」を選択します。

Hint
固定のリズムは固定にチェックを入れることで「選択する」ボタンから選択することができます。

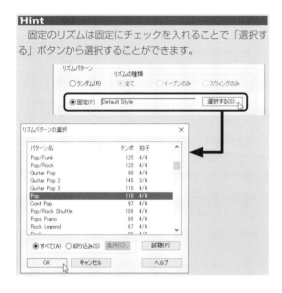

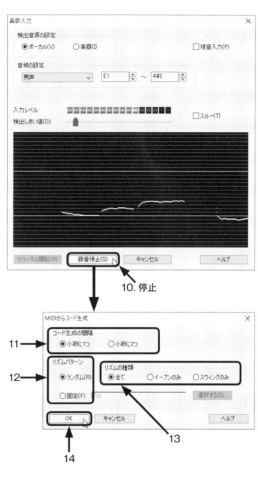

Hint
スウィングはジャズなどでよく見られる跳ねているリズムになります。イーブンは跳ねていないリズムのことを意味しています。手順 **13** の「全て」はスウィングとイーブン、両方が混ざったものになります。

13. リズムの種類を「全て」「イーブンのみ」「スウィングのみ」から選択します。ここでは「全て」を選択します。
14. 「OK」をクリックすると、「コード進行候補」ダイアログが表示されます。

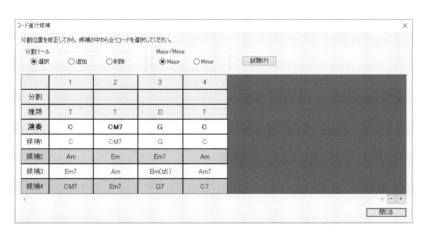

9章　その他の便利な機能　　203

15. 候補1〜4のいずれかをクリックして選択すると、「Chord Track」にコードオブジェクトが貼り付きます。「試聴」ボタンをクリックすると選択したコード進行が試聴できます。

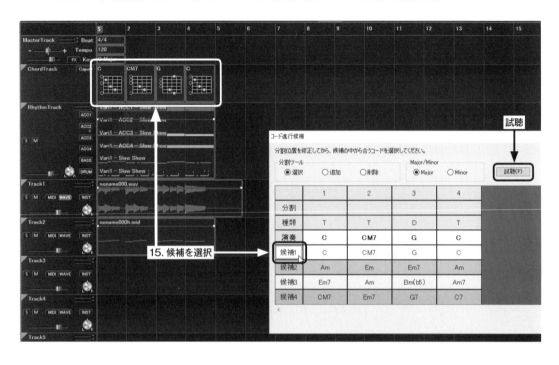

Hint
他の候補のコードと混ぜて選択することもできます。使いたい他の候補のコードネームをクリックするとその小節のコードが変更されます。

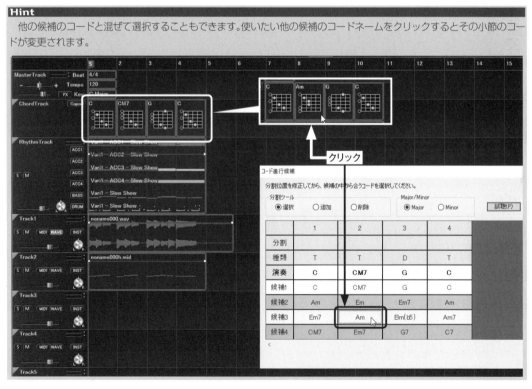

16. コード進行が決まったら「閉じる」ボタンをクリックして「コード進行候補」ダイアログを閉じます。

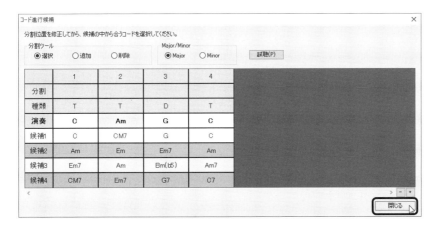

Hint

続けて鼻歌作曲をする場合は、ツールバーの「鼻歌入力」ボタン横の▼をクリックして「続けて鼻歌作曲」を選択することで続きの位置から鼻歌作曲ができます。

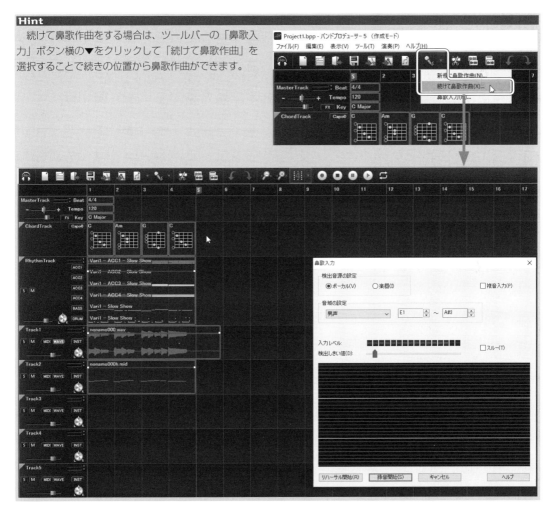

9章 その他の便利な機能 205

3 移調

バンドプロデューサーでは各モードで移調することができます。ここでは作成モードと耳コピモードの移調の手順を紹介します。

■移調とは

移調とは、ある楽曲全体の調（キー）を別の調に変更することです。調が移動するので移調といいます。楽曲のメロディの流れやコードとの関係はそのままで全体の音を同時に高くしたり、低くしたりとずらします。例えばカラオケで楽曲のメロディが高すぎたり低すぎて歌えない時に、リモコンなどでキーを上げ下げすることがありますが、それも移調です。

■作成モードでの移調

手順

1. メニューバーの「編集」→「曲全体のトランスポーズ」を選択すると「曲全体のトランスポーズ」ダイアログが表示されます。
2. 新しいキー欄下の▲ボタンをクリックして移調後のキーを選択します。
3. 「OK」ボタンをクリックするとデータが移調されます。

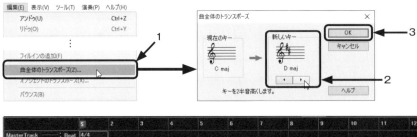

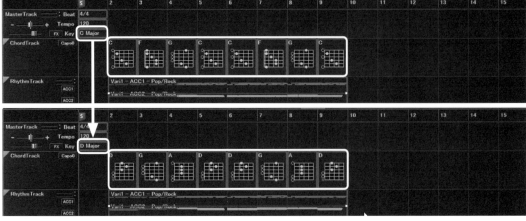

耳コピモードでの移調

耳コピウィンドウの「ピッチ」スライダーをドラッグして移調します。

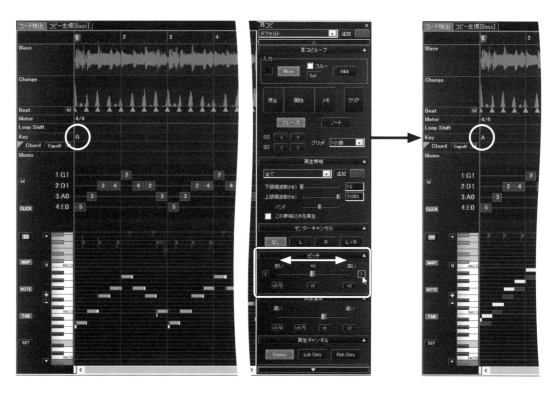

Hint
リードシートエディタや歌本エディタでも移調できます。メニューバーの「ツール」→「移調」を選択すると表示される「楽譜の移調」ダイアログで移調します。

歌本エディタ

リードシートエディタ

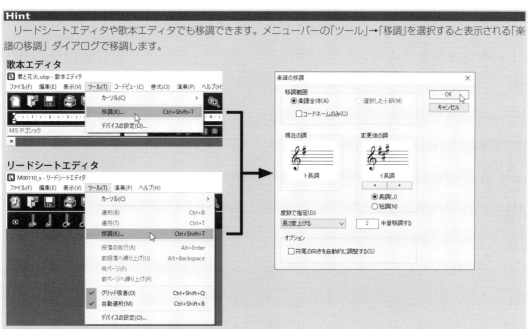

9章 その他の便利な機能

4 転調

楽曲の途中で調が変わることを転調といいます。作成モード、リードシートエディタでは選択した部分の調を変更することで転調できます。

作成モード

作成モードでは選択したオブジェクトの調を変更し、転調します。調の変更ができるオブジェクトは MIDI、オーディオ、キー、コードです。

手順

1. 調を変更したいオブジェクトを選択します。囲うようにドラッグして複数選択できます。

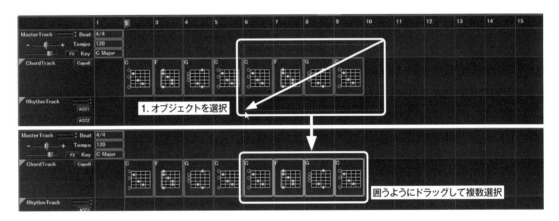

2. メニューバーの編集から「オブジェクトのトランスポーズ」を選択すると「オブジェクトのトランスポーズ」ダイアログが表示されます。
3. ▲▼をクリックして調の変更の程度を決めます。この値は1が半音になります。
4. 「OK」ボタンをクリックすると選択しているオブジェクトの調が変更されます。

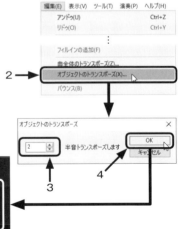

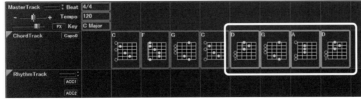

208

リードシートエディタ

リードシートエディタでは選択した範囲だけを転調することもできます。

手順

1. マウスが選択カーソルの状態で転調したい範囲にある先頭の音符をクリックして選択します。
2. 転調したい範囲の最後の音符を「**Shift**」キーを押しながらクリックします。選択した範囲の音符などが緑色になります。

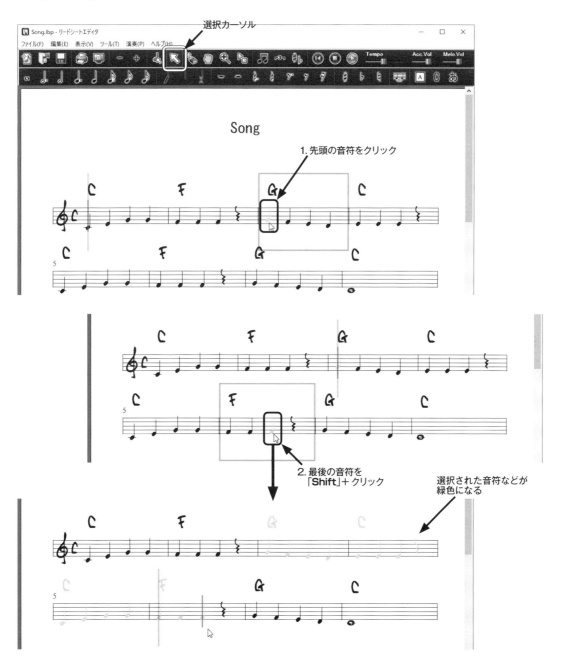

3. メニューバーの編集から「小節を選択」を選択します。選択した音符が含まれる小節がオレンジ色になります。

小節がオレンジ色になる

4. メニューバーのツールから「移調」を選択すると「楽譜の移調」ダイアログが表示されます。
5. 移調範囲欄で「選択した小節」にチェックが入っているかを確認して、「変更後の調」欄で移調後の調を選択します。

※「度数で指定」欄で度数で指定したり、数字を入力して半音単位で調を変更することもできます。

6. 「OK」ボタンをクリックすると移調されます。

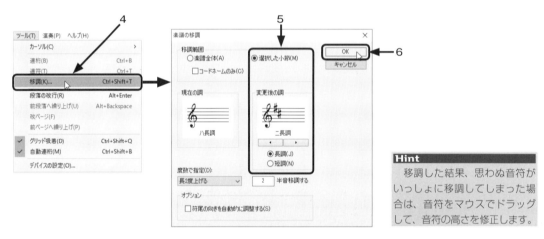

Hint
移調した結果、思わぬ音符がいっしょに移調してしまった場合は、音符をマウスでドラッグして、音符の高さを修正します。

転調された

5 カポタスト（カポ）の設定

コードトラックのコードダイアグラムがギターで表示されている場合はカポタストを設定できます。カポタストの設定をすると移調することができます。

Hint
カポタストはギターなどの弦楽器に使う道具です。弦をまとめて押さえることで移調させることができます。カポタストは略してカポとも言われています。

コードダイアグラムが何で表示されているかはメニューバーの「表示」→「ダイアグラムタイプ」で確認できます。チェックマークが入っている楽器で表示されています。

手順

1. コードトラックの「Capo」ボタンをクリックすると、「カポタストの設定」ダイアログが表示されます。
2. カポありにチェックをいれます。
3. プルダウンメニューからフレット数を選択します。
4. 「OK」ボタンをクリックするとカポタストが有効になります。

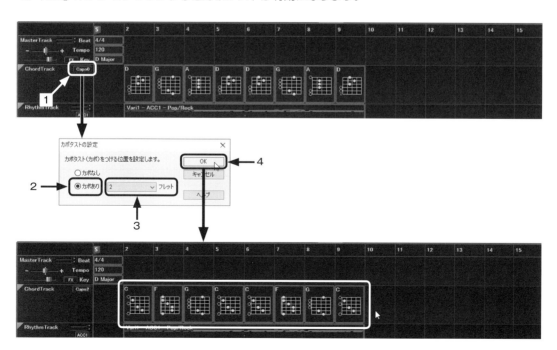

9章　その他の便利な機能　211

6 BGM作成

　作成モードには「BGM作成」という、BGMを自動で作る機能が搭載されています。曲のパターンや構成、小節数などを指定するだけでBGMを作成してくれます。ここではBGM作成の手順を紹介します。

手順

1. メニューバーの「ツール」→「BGM作成」を選択します。
2. 「BGM作成（1/2）」ダイアログが表示されます。「パターン名」欄右側にある「選択する」ボタンをクリックすると「リズムパターンの選択」ダイアログが表示されます。
3. パターン名をクリックして選択します。
「試聴ボタン」をクリックすると選択しているパターンが試聴できます。
4. 選択するパターンが決まったら「OK」ボタンをクリックします。

> **Hint**
> 「警告」ダイアログが表示されたら「OK」をクリックして先へ進みます。

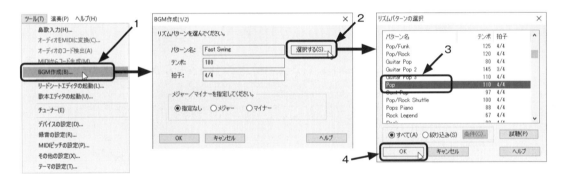

　「OK」ボタンをクリックすると「リズムパターンの選択」ダイアログが閉じ、「BGM作成（1/2）」ダイアログに選んだパターン名に合わせたテンポや拍子が表示されます。

5. 「メジャー / マイナーを指定してください。」欄から「指定なし」「メジャー」「マイナー」のいずれかを選択します。ここでは「指定なし」を選択します。
6. 「OK」ボタンをクリックすると「BGM作成（1/2）」ダイアログが閉じ、「BGM作成（2/2）」ダイアログが表示されます。

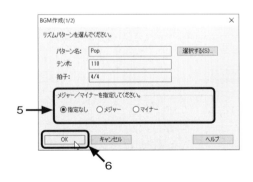

7. イントロやAメロなどの曲の構成の種類とその小節数を設定します。修正したい構成項目をダブルクリックするか、修正したい構成項目が選択されている状態で「編集」ボタンをクリックすると「構成項目の追加/編集」ダイアログが表示されます。
8. 「構成項目の追加/編集」ダイアログの「種類」欄のプルダウンメニューから構成の種類を選択します。選択するとそれに合わせた小節数が表示されます。必要に応じて小節数を設定します。
9. 「構成項目の追加/編集」ダイアログの「OK」ボタンをクリックすると「構成項目の追加/編集」ダイアログが閉じ、曲の構成の種類や小節数が設定したものに変更されます。
10. 「BGM作成（2/2）」ダイアログの「OK」ボタンをクリックするとBGMが作成されます。

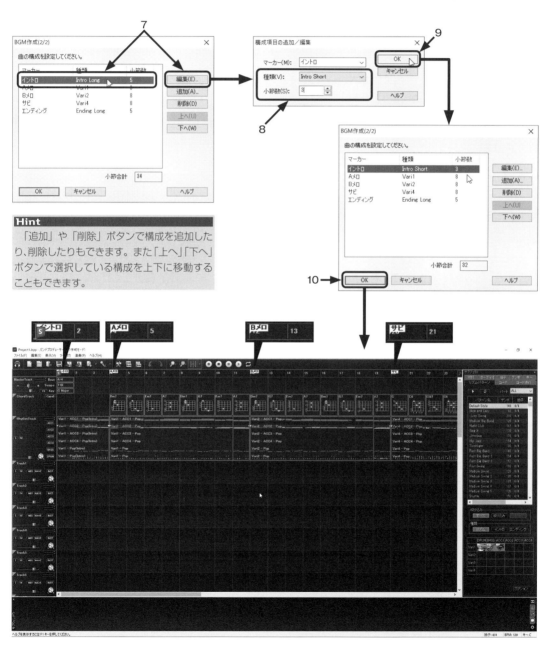

Hint
「追加」や「削除」ボタンで構成を追加したり、削除したりもできます。また「上へ」「下へ」ボタンで選択している構成を上下に移動することもできます。

9章　その他の便利な機能

10章

より使いこなすために
知っておきたい音楽の基礎知識

1 耳コピに必要な知識

　楽曲の中で演奏されている音を耳で聴いてコピーすることを耳コピといいます。ここで言うコピーとは演奏されているフレーズを楽器で再現したり、譜面にしたりすることです。

　演奏したい楽曲の譜面がない時などに耳コピが使われることが多いのですが、耳コピは楽曲の全ての音をコピーするとは限りません。コード、メロディー、楽器のフレーズなど、ある一部分をコピーすることが多く、自分が必要とする楽譜を作りたい時に、実用的に使うことが多いようです。

　もちろん実際の楽曲とまったく同じく、音色、フレーズなどを寸分違わないレベルまで全てをコピーすることもあります。全てをコピーすることを完コピ（完全コピー）とも言います。完コピの場合、マニアックなケースでは、アーティストの演奏のクセや間違って演奏された音まで再現したりもします。

　さて、この耳コピですが実際にやってみるには、どんな技術や知識が必要になってくるのでしょうか？

　まずは音を聴き取る力が必要になります。これは今鳴っている音の鳴るタイミング、音程、音の長さを耳で聴き取る力のことです。

　1つの楽器だけで演奏されている楽曲であればいいのですが、ポップスや歌謡曲などでは色々な楽器が同時に演奏されていたりします。その中から目的の音を聴き分けて、その音の鳴るタイミング、音程、音の長さをコピーしていく必要があります。

　もう一つは音楽理論になります。これは絶対に必要というわけではないのですが、知っていると耳コピをする際にいろいろな手助けとなってくれます。

　実際にすべての音を正確に聴き分けるのはなかなか難しい技術ですが、この音楽理論を勉強しておくことで、聴き取れなかったり、聴き取りづらかったりした部分の音がどんな音だったかを予想することができるようになります。

　この章では耳コピをするのに知っておきたい音楽理論の基礎について述べます。すでに音楽理論を勉強されている方や、バンドプロデューサー5の操作方法だけを知りたい方はこの章は飛ばしても構いません。後で必要になった時に参考にして頂き、役立てばと思います。

2 音程（全音と半音）

　2つの音の高さの隔たりを音程といいます。
　音の高さの隔たりと書くと何だか難しく聴こえてしまいますね。
　たとえば音が2つあったとします。その2つの音、「ある音」から「ある音」までどれくらい音の高さが離れているか、その間隔のことを音程といいます。

　まずはピアノの鍵盤の絵を見てください。
　白い鍵盤（白鍵）と黒い鍵盤（黒鍵）があるのがわかります。

　●印のついた白鍵と黒鍵は隣りあっています。この隣同士の音の間隔を「半音」といいます。また□印のついた隣りあう白鍵と白鍵の間も半音です。

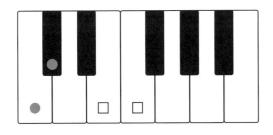
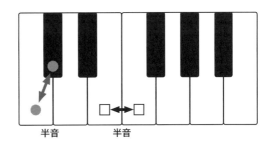

　次の絵を見てみてください。
　こんどは○印のついた白鍵が2つあります。この2つの白鍵は間に黒鍵を1つ挟んでいるのがわかります。この○印のついた白鍵同士の音の間隔は半音が2つ分になります。この半音2つ分の間隔を「全音」といいます。

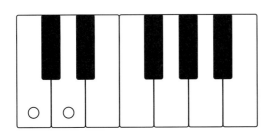
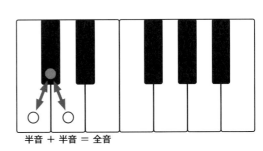

10章　より使いこなすために知っておきたい音楽の基礎知識　　217

3 オクターブ

こちらの鍵盤の絵を見てみてください。

白鍵が7個、そして黒鍵が5個ありますね。合わせて12個、つまり12種類の音があるのが分かります。

西洋の音楽理論ではこの12種類の音を使って音楽が構成されています。

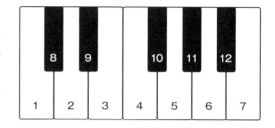

ピアノの鍵盤はこの12種類の音のセットが並んでいます。

右側に行くと音の高さが高くなっていきます。

左側に行くと音の高さが低くなっていきます。

それぞれの音には名前が付いています。

みなさんおなじみの「ドレミファソラシ」です。
鍵盤では右図のように対応しています。

同じ名前の音でも高さが違う音があります。

この同じ名前の音の高さの関係をオクターブといいます。

1つ離れているのが1オクターブ、2つ離れていれば2オクターブ……になります。

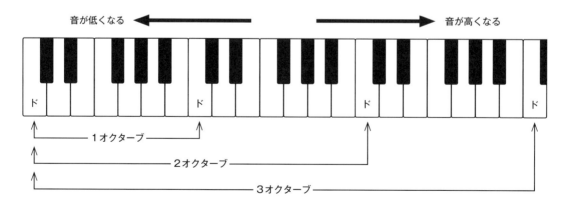

4 音名

　下図の●印のついた黒鍵は、●印のついた白鍵から見て半音高いところに位置していますね。
　この半音高い音は「♯」（シャープと読みます）で表されます。ですので、この●印のついた黒い鍵盤は、ド♯となります。

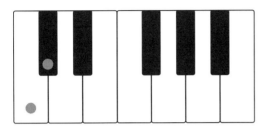
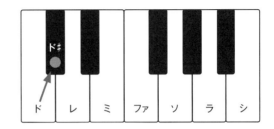

　今度はレの音から先ほどの黒鍵を見てみてください。今度は半音低いところに黒鍵が位置しているのがわかります。この半音低い音は「♭」（フラットと読みます）で表されます。ですので、この●印のついた黒い鍵盤は、レ♭とも言えてしまいます。

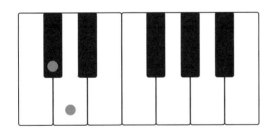
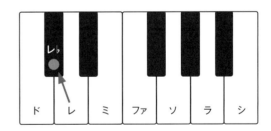

　このように、ここで●印をつけた黒鍵は、ド♯でもあり、レ♭でもあります。同じ鍵盤（音）なのに呼び方（音名）が2つあるんですね。このような音のことを異名同音といいます。

　1オクターブぶんすべての鍵盤に音名をつけてみたので確認してみましょう。

　このドレミファソラシという呼び方ですが、実はこれはイタリア語になります。

　皆さん呼び慣れた「ドレミファソラシ」はイタリア語だったんですね。

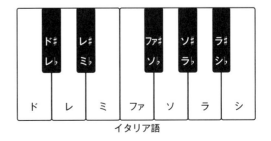

10章　より使いこなすために知っておきたい音楽の基礎知識

この音の呼び方ですが、もちろん日本語での呼び方もあります。

日本語では「ハニホヘトイロ」となります。

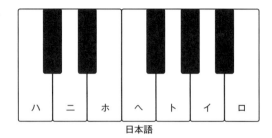

さらに英語では「CDEFGAB」になります。ちなみにドイツ語にすると「CDEFGAH」と英語での呼び方と微妙に異なります。

これから勉強する音楽理論はポピュラー音楽の理論になります。ポピュラー音楽の理論では英語での呼び方を使っています。英語での呼び方に慣れていくようにしましょう。

「CDEFGAB」は譜面で表すと下のようになります。

鍵盤と譜面を紐付けて覚えるようにしましょう。

5 音階（スケール）と 調（キー）

クラシックなどでは調といいますが、ポピュラー音楽などでは Key（キー）とも言います。カラオケなどに行かれる方であれば、このキーという言葉は聴き覚えがあるかもしれません。カラオケで曲の全体の音程を上げ下げしているあのキーという言葉がそれになります。

調（キー）には、大きく分けると「長調（メジャーキー）」と「短調（マイナーキー）」の2種類があります。また、それぞれの調（キー）を構成する主要な音を高さの順に並べたものが「音階（スケール）」です。先ほどの「ドレミファソラシド（CDEFGABC）」これもスケールの1つです。

> オクターブの中には12の音があることがわかりました。この12の音ですが、実は1つの楽曲の中で12の音すべてが登場することはあまり多くはありません。シンプルな楽曲では、12の音のうち7つの音（音階（スケール）で使われる音）を使用することが多く見られます。

そしてこのメジャーキーにも名前が付いています。
例えばCDEFGAB（ドレミファソラシ）はC（ド）の音からスタートしていますね。Cの音からスタートしているグループのことを、Cメジャーキーといいます。日本語ではハ長調（C=ハ、メジャー＝長調）といいます。

```
C D E F G A B
| | | | | | |
ハ ニ ホ ヘ ト イ ロ
```

以下がバンドプロデューサー5で選択できるキーのスケールですので参考にして下さい。なお、嬰は♯、変は♭の日本語表記です。

長調（メジャースケール）

Fメジャー（ヘ長調）

F#メジャー（嬰ヘ長調）＝ G♭メジャー（変ト長調）

G♭メジャー（変ト長調）＝ F#メジャー（嬰ヘ長調）

Gメジャー（ト長調）

A♭メジャー（変イ長調）

Aメジャー（イ長調）

B♭メジャー（変ロ長調）

Bメジャー（ロ長調）＝ C♭メジャー（変ハ長調）

C♭メジャー（変ハ長調）＝ Bメジャー（ロ長調）

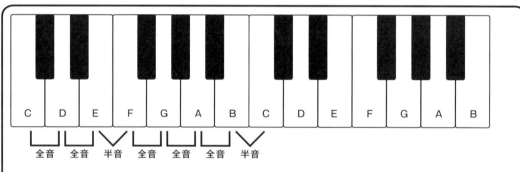

　上の絵を見ると、それぞれの音同士の幅（音程）が全音、全音、半音、全音、全音、全音、半音になっているのがわかります。この音程のパターン（全音、全音、半音、全音、全音、全音、半音）で音を鳴らしてみると、明るい響きが聴こえます。これをメジャーキー（日本語では「長調」）と呼びます。
　耳コピの時に楽曲がどのキーなのかが分かれば、耳コピをする時に作業効率が上がります。

短調（マイナースケール）

A マイナー（イ短調）

A♯ マイナー（嬰イ短調）

B♭ マイナー（変ロ短調）

B マイナー（ロ短調）

C マイナー（ハ短調）

C♯ マイナー（嬰ハ短調）

D マイナー（ニ短調）

D♯ マイナー（嬰ニ短調）

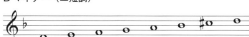

E♭ マイナー（変ホ短調）

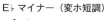

E マイナー（ホ短調）

F マイナー（ヘ短調）

F♯ マイナー（嬰ヘ短調）

G マイナー（ト短調）

G♯ マイナー（嬰ト短調）

A♭ マイナー（変イ短調）

> 　短調にはじつは3種類の音階（「自然短音階」「和声的短音階」「旋律的短音階」）があります。ここで示した音階は一般的に使用されることの多い「和声的短音階」です。「和声的音階」の第7音から臨時記号を取ったものが「自然短音階」になります。「旋律的短音階」はより複雑なので割愛しますが、興味のある方は調べて比較してみるのも面白いでしょう。

10章　より使いこなすために知っておきたい音楽の基礎知識

6 コード（和音）とは（ダイアトニックコード）

コードという言葉を聞いたことはありますか？ ギターなどの楽器をされている方であれば馴染みのある言葉かもしれません。コードは日本語では和音といいます。和音は2つ以上の異なる種類の音が同時に鳴った時の響きのことをいいます。

1つの音だけで鳴らした時と違って複数の音を同時に鳴らすことでまた響きが変わってきます。このコード（和音）、ポピュラー音楽では主に3つの音、4つの音で構成されるものが使われています。3つの音で構成される和音を三和音、4つの音で構成される和音を四和音といいます。2つの音で構成される和音は三和音の何かの音が省略されたものとして解釈されます。

先ほど7つの音のグループが1つのキーという話をしました。この7つの音を組み合わせてコードというものは作られています。例えば三和音であれば7つの音の中から3つを使って作られています。Cメジャーのスケールにある7つの音を使ってコードを作ってみましょう。

次の譜面を見てみてください。

Cメジャーキーの音が書かれています。
このCメジャーキーの音の上に音を次のように積み重ねてみます。

このように、あるキーのスケールの上に作られた三和音をダイアトニックコードといいます。上の譜例は、Cメジャーキーのスケールの上に作った三和音なので、Cダイアトニックコードといいます。

コードには名前が付いています。これをコードネームといいます。先ほどのダイアトニックコードにコードネームをふってみましょう。

ダイアトニックコード

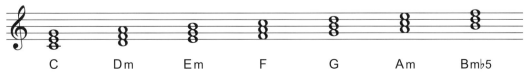

小文字のmはマイナー、m♭5はマイナーフラットファイブと読みます。mやm♭5が付いていないものは英語の後にメジャーと付けます。メジャーコードはメジャーという言葉を略して読むことも多いです。

読み方の例：
　C＝シーメジャー＝シー
　Dm＝ディーマイナー
　Bm♭5＝ビーマイナーフラットファイブ

　メジャーのコードは明るい響きで、mやm♭5が付いているコードは暗い響きになります。

　ここであれっと思った方もいるかもしれません。メジャースケールなのにメジャーのコードだけではなくマイナーのコードもある⁉　そうなんです、1つのキーの中にはメジャー、マイナーのどちらのコードも存在しています。

7 三和音のコードの仕組みを音程（度数）で理解しよう

　メジャーのコードとマイナーのコードのように、音を3つ組み合わせただけなのに、明るいコードになったり暗いコードになったりと違いが出てきました。このメジャーコードとマイナーコードの違いって何でしょう？　実はこれはコードを構成している音同士がどれくらい離れているか（音程）によってメジャーコードになったり、マイナーコードになったりします。ここではコードを構成している音同士の音程の関係を見ていきましょう。

　音程は半音と全音だけでなく、度数という単位で表すことができます。

　次の鍵盤を見てみてください。Cメジャーキーの音階で使用するのは白鍵になります。

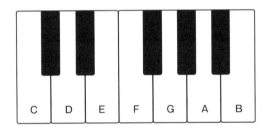

　Cの音から数えて他の音までの音程は次のように表すことができます。

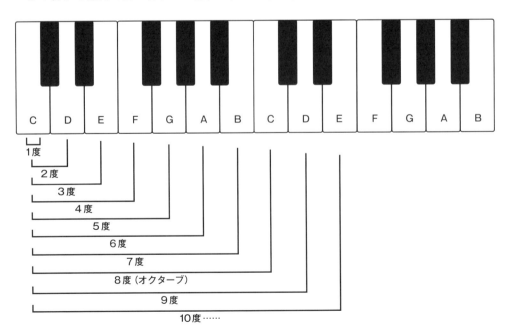

右図にある★印の2度は、正式には長2度と呼びます。

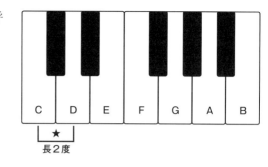

それでは次に黒鍵はどうでしょう？ 黒鍵D♭の音を見てみましょう。

これは先に出てきた★印の2度よりも半音低くなっていますね。この音程を短2度といいます。

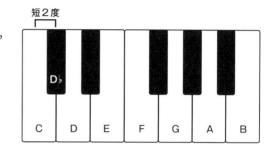

2度の音程でも長と短、種類の違う音程がでてきました。その他に、バンドプロデューサー5で使用する音程を見てみましょう。以下の例ではCの音を基準にしています。

3度の音程

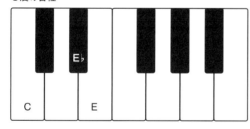

C → E（長3度）
C → E♭（短3度）

4度の音程

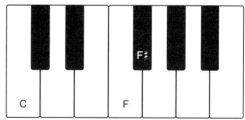

C → F（完全4度）
C → F♯（増4度）

5度の音程

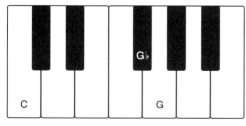

C → G（完全5度）
C → G♭（減5度）

6度の音程

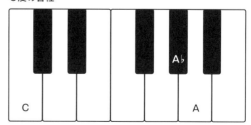

C → A（長6度）
C → A♭（短6度）

10章　より使いこなすために知っておきたい音楽の基礎知識　　227

7度の音程

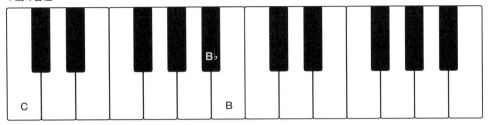

C → B（長7度）
C → B♭（短7度）

8度の音程（オクターブ）

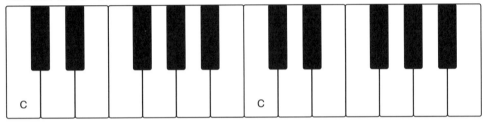

C → C（オクターブ／完全8度）

　長、短の他に完全や増、減といったことばも出てきました。これは音程の呼び方なのでそのまま覚えてしまいましょう。この鍵盤上で表したものを譜面に表すと次のようになります。また覚える時にそれぞれの音程が半音いくつ分かで覚えておくと便利です。半音いくつ分かも合わせて表記します。

　それでは先ほどのメジャーコードの仕組みを見てみましょう。

メジャーコードは一番下の音（Rootといいます）から次の音（3rdといいます）までの音程が長3度になっています。さらにRootから一番上の音（5thといいます）までの音程が完全5度になっているのがわかります。

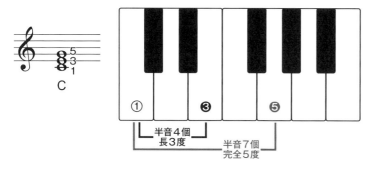

つまりメジャーコードは長3度と完全5度の組み合わせでできたコードになります。

同じようにマイナーコードを見てみると、一番下の音（Root）から次の音（3rd）までの音程が短3度になっています。さらにRootから一番上の音（5th）までの音程が完全5度になっています。

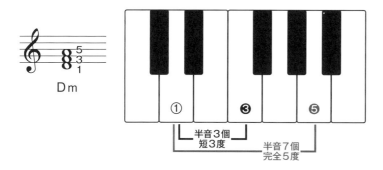

マイナーコードは短3度と完全5度の組み合わせでできたコードになります。

ちなみにm♭5のコードも見てみましょう。こちらは一番下の音（Root）から次の音（3rd）までの音程が短3度になっています。さらにRootから一番上の音（5th）までの音程が減5度になっています。

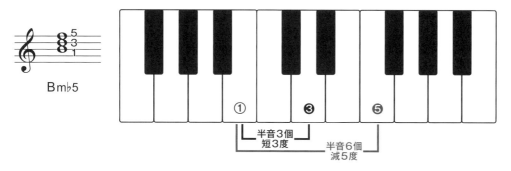

一番下の音（Root、ここではB）からBCDEFと数えて、5番目の音（F）が半音低くなるので♭5と覚えるといいでしょう。

10章　より使いこなすために知っておきたい音楽の基礎知識

8 四和音（セブンスコード）とは

三和音のコードを構成している音同士の音程の関係がわかったと思います。今度は同じように四和音のコードを構成している音同士の音程の関係を見ていってみましょう。

四和音は4つの音で構成される和音で、三和音にRootから数えて7度の音（7th）を追加したものになります。そのためセブンスコードなどとも呼ばれています。

音を1つ追加すると四和音になります。

四和音のコードネームには、三和音だった時のコードネームにM7と7という文字が付いたのがわかります。
M7はメジャーセブンス、7はセブンスと読みます。

読み方例：
　CM7 ＝ シーメジャーセブンス
　Dm7 ＝ ディーマイナーセブンス

このM7と7の音程を見てみましょう。例としてCM7のコードを見てみます。

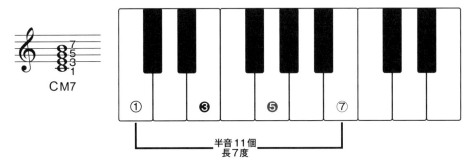

Rootから一番上の音（7th）までの音程は長7度になります。半音は11個分です。

次は Dm7 のコードを見てみましょう。

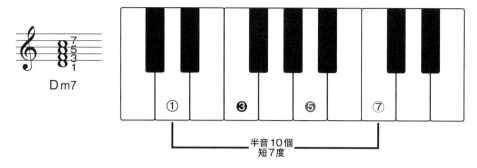

Root から一番上の音（7th）までの音程は短 7 度になります。半音は 10 個分です。

このように四和音では長 7 度の時は M7、短 7 度の時は 7 という文字がつくのがわかります。三和音がクリアな響きに聴こえるのに対して、四和音は少し複雑な響きになります。

9 特殊なコード（sus4、add9、aug、dim）

ここでは少し変わったコードをご紹介していきます。ダイアトニックコードのコードが変化したもの（sus4、add9）や、先ほどご紹介したダイアトニックコードに属していないコード（aug、dim）になります。どのコードもポピュラーミュージックなどでよく見かけるコードです。

sus4

Suspended 4th の略でサスフォーと読みます。コードの Root の音から見て3度（3rd）の音が4度（4th）に変わったことを意味しています。Suspended が「つるした」、「ぶらさがった」という意味ですので、3度の音を4度につるしたということになります。

例えば、C のコードの3度の E の音が4度の F になると Csus4 となります。Am のコードの3度の C の音が4度の D になると Asus4 となります。マイナーのコードを sus4 にすると m が外れます。

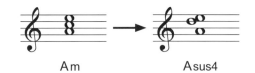

add9

add 9th の略でアドナインスと読みます。add が「加える」という意味なので文字通り、コードの Root から見て9度（9th）の音を加えたコードです。

例えば、C のコードに9度の音を加えると Cadd9 となります。Am のコードに9度の音を加えると Amadd9 となります。

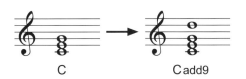
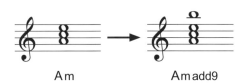

aug

augmented の略でオーグメントや、オーギュメントと読みます。コードの Root の音から見て完全 5 度（P5）の音が、増 5 度（aug5）に変わったことを意味しています。augmented は「増大した」という意味なので、5 度の音程が増えた（半音高くなった）ことになります。

例えば、C のコードの一番下の音（Root、ここでは C）から CDEFG と数えて、5 番目の音（G）が半音高くなると Caug となります。

dim

diminished 7th の略でディミニッシュと読みます。
コードの Root の音から見て短 3 度（m3）、減 5 度（dim5）、減 7 度（dim7）の音で構成されるコードになります。

例えば、Cdim というコードは C、E♭、G♭、B♭♭（= A）の音で構成されます。

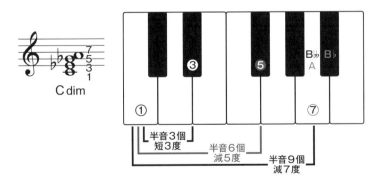

Hint
三和音の「m♭5」を「dim」、四和音の「dim」を「dim7」と書くこともあります。本書ではバンドプロデューサー5 の表記に合わせています。

10 章　より使いこなすために知っておきたい音楽の基礎知識　233

10 分数コード（オンコード）

　C/E（または$\frac{C}{E}$）のように分数で表示されるコードを分数コードといいます。分数コードはオンコードともいい、C/E は ConE と表記されることもあります。
　どちらも読み方は C オン E と読みます。

　分数コードはベース音（一番下になる音）を指定する時に用います。
　例えばピアノでは C というコードを押さえると低い音から CEG（基本形）と押さえたり、EGC（第1転回形）と押さえたり、GCE（第2転回形）と押さえることもできます。ただの C とだけ表記していると押さえ方は演奏者に委ねられますが、C/E と表記することで EGC と押さえるように指示ができるのです。

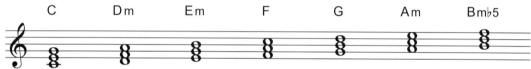

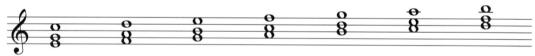

また両手を使って演奏されるピアノなどでは、左手でコードのルート音、右手でコードの構成音を演奏したりもします。分数コードの場合は左手のルート音が分数コードで指定された音を弾きます。

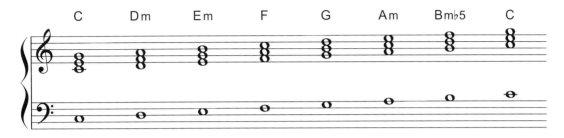

分数コードにはF/Gのように、コードのベースに指定したい音がコードの構成音にないパターンもあります。この場合はピアノなどでは左手でGの音（単音）を弾き、右手でFのコードを弾きます。

バンドなど色々な楽器で演奏する場合は、ベースのパートの人がGの音を弾き、他のパートの人はFのコードを弾いたりします。全体の音が合わさった時にF/Gの音の響きになるようにしています。

11 コードの機能とコード進行

コードはいろいろなコードを続けて演奏することで物語のような雰囲気が作り出せます。悲しいコードが続いた後に明るいコードが演奏されると悲しい場面から明るい場面にシーンが切り替わったような雰囲気になります。

このようにコードからコードへ進行していくことをコード進行といいます。コード進行はある一定のパターンに則って作られています。

コードには機能というものがあり、その機能を利用してコード進行が作られています。コードの機能は大きく3つに分類することができます。

トニック（T）・・・安定した響き、コード進行の出発地点でありゴール地点でもあります
ドミナント（D）・・・不安定な響き、トニックへ進みたくなります
サブドミナント（SD）・・・少しだけ不安定な響き、トニックへもドミナントへも進みます

Cダイアトニックコードではそれぞれのコードの機能がどうなっているのか見てみましょう。

Cダイアトニックコード

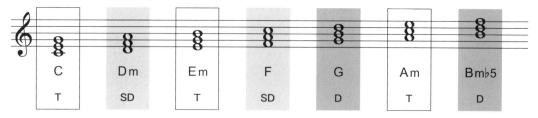

トニック、ドミナント、サブドミナントとそれぞれ分かれていますね。Cから数えて1番目、3番目、6番目がトニック、2番目、4番目がサブドミナント、5番目、7番目がドミナントになっています。

実はこのコードの機能ですが、キーが変わってもこのトニックは1、3、6番目、サブドミナントは2、4番目、ドミナントは5、7番目という関係性は変わりません。

Dダイアトニックコード

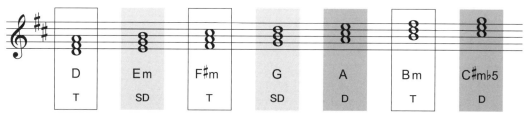

ドミナントの機能を持つコードはトニックの機能を持つコードへ進みたくなるといったように、このコードの機能が持つ性質を使ってコード進行が作られています。
　それではコード進行の仕組みを見ていってみましょう。

　コード進行の最小単位をコードのケーデンスといいます。
　コードのケーデンスは次の3パターンになります。

　T – D – T
　T – SD – T
　T – SD – D – T

　そして実際の楽曲のコード進行はこのケーデンスの組み合わせになります。3つとも組み合わせてみましょう。
　T – SD – T – D – T – SD – D – T

　機能を実際にCダイアトニックコードのコードに置き換えてみます。
　C – F – C – G – C – F – G – C

　このようにケーデンスを組み合わせてコード進行が作られています。コードの機能を知ることで耳コピする時などにも使われているコード進行を予測することができるようになります。

Hint〈D-SDの進行〉
　D-SDへ進む進行は弱進行と呼ばれています。機能感が弱い進行になるのでケーデンスの組み合わせには出てきていません。ですがポップスやロックなどの楽曲を聞くとこの進行が使われていたりします。
　試しにT-D-SD-T(CメジャーキーではC-G-F-Cというコードになります)の響きを確認してみてください。ポップスやロックなどで聴いたことのある響きだと思います。ケーデンスでは出てきませんが、こういった進行もあることを覚えておきましょう。

◎著者紹介

平賀 宏之（ヒラガ ヒロユキ）

1974年生、ローランド・ミュージック・スクールで作編曲、コンピューターミュージックを学ぶ。作編曲、シンセサイザーのマニピュレーター、DAWソフト攻略本の執筆、さまざまなDAWの認定講師としてセミナーなど各方面で活動中。また、ローランド・ミュージック・スクール講師資格の認定オーディションや各種研修会も担当し後進の育成にも力を注ぐ。インターネットを使ったオンラインミュージックスクール　オトマナビ代表、MIDI検定資格指導者、ローランド・ミュージック・スクール指導スタッフ講師、トート音楽院講師。

著書に「イチからはじめるSinger Song Writer Lite 9」「まるごとSONARガイドブック」「ABILITY 2.0 ガイドブック」（共にスタイルノート刊）。

> **バンドプロデューサー5についてのお問い合わせ先**
>
> 株式会社河合楽器製作所
> 電子楽器事業部　コンピュータミュージック室
> 　代　　表：053-457-1350
>
> **操作に関するお問い合わせ方法について**
>
> 　バンドプロデューサー5の［ヘルプ］メニューから［基本操作ガイド］を開きます。基本操作ガイドの94ページに、インターネットや電話でのお問い合せ方法が記載されています。

バンドプロデューサー5ガイドブック
──オーディオデータ解析で耳コピ・コード検出・楽譜作成も

発行日　2018年7月8日　第1刷発行
著　者　平賀宏之
発行人　池田茂樹
発行所　株式会社スタイルノート
　　　　〒185-0021
　　　　東京都国分寺市南町2-17-9 ARTビル5F
　　　　電話 042-329-9288（バンドプロデューサー5に関するお問い合わせは、上記をご確認ください）
　　　　E-Mail books@stylenote.co.jp
　　　　URL http://www.stylenote.co.jp/

協　力　株式会社河合楽器製作所

装　丁　又吉るみ子
印　刷　シナノ印刷株式会社
製　本　シナノ印刷株式会社

© 2018　Hiroyuki Hiraga　Printed in Japan
ISBN978-4-7998-0168-0　C1004

定価はカバーに記載しています。
乱丁・落丁の場合はお取り替えいたします。当社までご連絡ください。
本書の内容に関する電話でのお問い合わせには一切お答えできません。メールあるいは郵便でお問い合わせください。なお、返信等を致しかねる場合もありますのであらかじめご承知置きください。
本書は著作権上の保護を受けており、本書の全部または一部のコピー、スキャン、デジタル化等の無断複製や二次使用は著作権法上での例外を除き禁じられています。また、購入者以外の代行業者等、第三者による本書のスキャンやデジタル化は、たとえ個人や家庭内での利用であっても著作権法上認められておりません。